APERÇU

PHILOSOPHIQUE

SUR LA MUSIQUE

LIMOGES. — IMPRIMERIE DE CHAPOULAUD FRÈRES.

APERÇU PHILOSOPHIQUE

SUR

LA MUSIQUE

PAR PAUL CHARREIRE

ORGANISTE ET MAITRE DE CHAPELLE DE LA CATHÉDRALE DE LIMOGES
ANCIEN ÉLÈVE
DE L'INSTITUTION DES JEUNES-AVEUGLES DE PARIS

PARIS

TOLRA ET HATON, LIBRAIRES-ÉDITEURS

RUE BONAPARTE, 68

—

1860

APERÇU

PHILOSOPHIQUE

SUR LA MUSIQUE.

QUESTIONS DU PROGRAMME. — 1° *Comment se produit dans l'homme la faculté musicale ?* — 2° *Quel est le foyer des inspirations ?* — 3° *Opérations métaphysiques du musicien au moment de la composition.* — 4° *Esthétique de la musique.* — 5° *Rapport de la musique avec les autres branches des beaux-arts, etc.*

Parmi les questions artistiques que, dans son programme de 1859, le Congrès scientifique de France a proposées aux hommes de méditation, toutes celles qui se rattachent à la musique sont certainement du plus haut intérêt ; mais, limité par un cadre prescrit, je n'essaie pas ici de les traiter toutes : je me borne à celles qui composent le sommaire de cet opuscule.

Dans le monde, et surtout dans les journaux, les

discussions sur la musique sont maintenant à la mode : le moindre aligneur de phrases s'attribue un droit de haute et basse justice sur les productions de cet art; avec peu ou point de science, on les juge en dernier ressort : « Tel air est admirable! Voilà un duo, un final mal fait de tous points! Telle cantilène est une piteuse réminiscence; telle autre étincelle d'invention et de grâce! » — Écrivains superficiels, qu'en savez-vous sans étude? Quel instinct divinateur vous révèle ici de suprêmes beautés, là des défauts sans nombre, que votre raison, sans les lumières de la science, ne saurait nullement analyser. Si vous disiez : « Ce morceau m'émeut, me transporte; cet autre m'ennuie, me fatigue », je vous le passerais. Ce simple énoncé de vos impressions personnelles n'attaquerait point la vérité; car ici vous ne jugeriez pas l'œuvre.

Grand nombre d'amateurs chez qui une longue habitude d'audition a développé un certain goût croient qu'il ne leur est pas permis d'attendre l'opinion des hommes compétents sur l'opéra du jour ou sur le virtuose qui fait son avènement : ils se hâtent de le proclamer un phénomène, ou de le vouer à l'oubli; et, comme pour forcer l'avenir à sanctionner leurs arrêts, ils hasardent les plus étranges théories, dont heureusement les principes erronés sont étouffés souvent sous des divagations verbeuses. Les vrais musiciens eux-mêmes ont peine à se défendre de certains préjugés d'école, de nation, d'époque, dès qu'ils discutent sur la musique.

D'où viennent tant d'aberrations et d'incertitudes dans l'appréciation de l'art le plus universel, le plus populaire? La musique, comme la poésie, la peinture, n'a-t-elle pas des types éternels de beautés idéales qui servent de criterium pour reconnaître ces chefs-d'œuvre? Ah! vive Dieu! la musique, voix toute-puissante du ciel, de l'univers et de l'âme humaine, n'a rien à envier à ses sœurs divines, qui semblent même tenir d'elle leur souffle vital, c'est-à-dire leur harmonie. Mais les bases philosophiques de la musique ne sont devinées que par un petit nombre d'esprits supérieurs; et, malgré les travaux des Fétis, des Danjou, des d'Ortigue, etc., la plupart des musiciens, comme la masse des amateurs qui écrivent, ne les soupçonnent pas. Or, je le demande, sans principes philosophiques bien arrêtés, la saine critique d'un art est-elle possible? Non assurément. Je m'efforce donc, dans cet Aperçu, d'ouvrir un terrain solide aux discussions sur la musique, et de vulgariser, par une forme que j'espère rendre attrayante, des doctrines esthétiques dont la vérité m'a été révélée par d'éminents écrits, objet de mes constantes méditations. Les idées fausses sur la musique sont monnaie courante : je voudrais à tout prix les détruire.

—

Principales sources d'erreurs et de préjugés sur la musique.

Qu'est-ce que la musique? D'où tire-t-elle son principe? Quelle action exerce-t-elle dans la sphère morale? Jusqu'où va sa puissance dans le domaine de l'idéal? Voilà des questions certainement importantes.

Bien peu y pourraient répondre; nul ne s'en préoccupe. La musique, pour la masse, c'est un art d'agrément; c'est la machine qui fait danser; c'est la chansonnette qui fait pâmer de rire, ou la romance qui se lamente sur l'orgue de Barbarie. A quoi bon la musique? A distraire, à occuper les loisirs. — Les hommes d'affaires qui se piquent d'une certaine philosophie répètent volontiers que l'étude du chant moralise le peuple, que l'audition des chefs-d'œuvre de Palestrina et de Mozart peut avoir assurément une influence civilisatrice; mais comment et pourquoi? ils n'ont nul besoin de le savoir. S'il faut voter un budget, ils se montrent assez complaisants; car protéger les orphéons c'est passer pour homme de goût.

Il est étonnant que les penseurs de premier ordre dont les découvertes métaphysiques ont jeté tant de lumière sur l'action des facultés de l'âme et sur le sentiment esthétique n'aient parlé qu'en passant de l'art des sons comme conception idéale. M. Cousin seul, après Leibnitz et Kant, a compris le rôle de la musique, et en a analysé quelques effets. Je ne m'explique l'oubli des autres philosophes qu'en leur attribuant, à certains égards, les erreurs et les préjugés du vulgaire. D'ailleurs, pour bien apprécier un art, il faut le cultiver, le connaître à fond, non-seulement par la théorie, mais surtout par la pratique. Malheureusement peu de philosophes sont musiciens; bien moins encore de musiciens sont philosophes.

Les erreurs et les préjugés sur la musique peuvent se rapporter à cinq manières d'envisager cet art :

Qu'est-ce que la musique? demanderez-vous aux pédants des écoles qu'on proclame doctes entre tous.

Ils répondront : « C'est la combinaison scientifique de certaines formules que la méthode empirique a déclarées belles, qu'un peu d'expression vient colorer, et qu'une logique rigoureuse peut avouer » (logique à leur manière). — Ces savants ne comprennent qu'un art factice et souvent puéril.

Vous, hommes de rêveries, d'enthousiasmes poétiques, d'émotions extatiques; vous en qui la contemplation des beautés de la nature suscite des aspirations infinies, des ravissements ineffables, que demandez-vous à la musique? De la rêverie, de l'enthousiasme, du sentiment, de l'extase, et aussi la peinture fidèle de cette nature objet de votre culte? Vous lui demandez trop et pas assez.

Vous, mathématiciens abstraits, pourquoi la musique vous intéresse-t-elle? C'est que vous pensez la soumettre à vos calculs, citer Gluck et Beethoven au tribunal de l'algèbre et de la géométrie, et supputer avec des chiffres leurs mélodies délicieuses, leurs harmonies sublimes. Toutes les âmes que le beau captive font avec le simple bon sens justice de telles prétentions.

Maintenant écoutons la foule au sortir d'un grand concert où quelque virtuose miraculeux s'est révélé, où un orchestre d'élite a interprété avec amour un magnifique chef-d'œuvre : le plus grand nombre traduit ainsi ses impressions : « L'habileté du virtuose est prestigieuse; le chanteur m'a ravi! Mais la symphonie, quel ennui! rien n'y flatte l'oreille : c'est un chaos de bruits confus qui vous agace tous les organes. » — N'étiez-vous donc venus là que pour admirer des tours de prestidigitation, et vous sentir les nerfs doucement chatouillés par des timbres plus ou moins sympathiques? Quoi donc ! votre intelligence, votre cœur, n'ont rien cherché dans cette audition? Ce que vous vouliez, c'étaient des sensations, des impressions agréables : puisque vous ne demandez rien de plus à l'art, Chevet et Robert-Houdin doivent être pour vous les artistes incomparables. Hâtons-nous de constater que l'agrandissement de la sphère morale et intellectuelle des masses diminue de jour en jour le nombre de ces frivoles matérialistes, et que tant de dilettanti que la musique passionne lui demandent autre chose que des émotions physiques, sans qu'ils raisonnent toutefois le sentiment de l'art.

Vaines recherches scolastiques, émotions intimes et profondes, reproduction pittoresque des phénomènes de la nature, abstractions mathématiques, plaisirs purement sensuels, telles sont les diverses manières de comprendre la musique. Chacune d'elles en particulier est incomplète et étroite : l'art véritable les embrasse toutes ; car, en tant que manifestation extérieure d'un sentiment idéal, il doit répondre aux exigences de la trinité humaine : intelligence, sentiment, sensibilité, qui, se mettant en rapport avec la nature, s'élance jusqu'à Dieu pour trouver le type de la perfection.

C'est une opinion presque unanime que le sens auditif est le siége des émotions agréables ou pénibles produites en nous par la musique, et dont le système nerveux tout entier s'affecte par communication. Partant de ce principe, des physiologistes se sont évertués à découvrir dans la conformation interne de l'oreille des nerfs vibrant à l'unisson de chaque degré de notre échelle musicale (1). Dès lors ils ont déclaré faux tout son qui ne se produit pas en rapport direct de vibration avec le nerf auditif correspondant. A merveille ! notre échelle actuelle se compose de douze degrés : vous trouvez dans notre oreille douze tympans répercuteurs qui les transmettent un à un au cerveau. Mais l'échelle musicale des peuples sémitiques se fractionne en dix-huit degrés ; celle des Arias de l'Inde, en vingt-deux : le Créateur a donc doté ces individus d'un organe tout spécial (2). Parmi nous-mêmes, telles mélodies, telles harmonies, me transportent, tandis qu'elles vous laissent impassible ; celui-ci reproduit exactement avec la voix les sons que vous lui faites entendre ; celui-là n'y peut parvenir, quoique rien n'annonce chez lui un vice d'organisation. Le même son serait-il quelquefois susceptible de changer de nature en passant par votre oreille ou par la mienne? Non, reconnaissez avec moi que l'oreille n'est qu'un appareil de perception, incapable en soi d'attention, de discernement. Un son isolé n'est ni juste ni faux : ce qui est juste ou faux, c'est le rapport de plusieurs sons successifs ou simultanés ; et ce rapport, l'intelligence seule l'apprécie pour en former un jugement. Donc proclamons avec certitude que la musique, loin d'être

(1) Cette étrange théorie a été mise en avant particulièrement par Valsalva, Dumas et le professeur Morel, savant mathématicien, qui s'est efforcé d'en faire découler notre système musical.

(2) Félix Savart, par mille expériences d'acoustique, a constaté que tout son possible trouve son unissonnance dans notre tympan.

une simple satisfaction des sens, s'adresse aux plus nobles facultés de l'homme; qu'elle est des beaux-arts le plus profond, le plus intime, le plus universel, je dirai tout à l'heure le plus transcendantal (1). Mais définissons ce qu'on doit entendre par les beaux-arts.

Les philosophes sensualistes et les spiritualistes diffèrent beaucoup en expliquant la raison d'être des arts, leurs principes, leurs moyens, leur puissance. Sans discuter précisément ici la justesse de vue des deux écoles, tâchons qu'on se prononce avec nous pour celle qui fait des arts des conceptions purement idéales, et non l'imitation servile de quelques œuvres de la nature.

Idée générale des beaux-arts. — Esthétique (2).

L'être humain, esprit et corps, moi indivisible, se sent bien borné, bien fragile dès que ses forces

(1) Après tant d'admirables travaux de M. Fétis, directeur du conservatoire de Bruxelles, il n'est plus possible de mettre en doute cette vérité, au triomphe de laquelle il semble avoir voué sa vie de grand artiste, d'éminent philosophe et de prodigieux érudit.

(2) L'esthétique est la théorie du goût, du beau et du sublime. Si l'esquisse que j'en essaie ici est, comme il me le semble, la vérité, je l'ai déduite des aperçus lumineux dont les écrits de Platon, d'Aristote et de saint Augustin sont partout semés. J'ai beaucoup médité aussi les doctrines de Burke, de Reid, de Baumgarten, et surtout de Kant, dont la méthode sûre et circonspecte a, pour ainsi dire, créé la science de l'esthétique, partie désormais intégrante de la philosophie.

physiques se trouvent aux prises avec les phénomènes du monde externe; mais, se repliant sur son existence interne, s'il en appelle à son principe persistant, la conscience lui révèle aussitôt que toutes les impressions dont s'affecte sa sensibilité par le moyen des organes peuvent être perçues par l'attention; transformées en images, en idées, par l'imagination; recueillies et conservées par la mémoire; analysées par l'abstraction; comparées et jugées par la raison, pour qu'enfin la pensée, combinant ses jugements d'après leurs rapports, en fasse les mobiles d'une volonté agissante. Soudain l'âme, éblouie de lumière, se redresse : sa puissance lui semble sans bornes pour tout connaître; sa capacité, sans mesure pour tout posséder; son désir, sans entrave pour tout atteindre; son activité, sans limite pour tout soumettre. Un immense sentiment d'amour déborde du cœur, où s'est allumée une soif inextinguible de bonheur, de vie et d'action; et l'homme, conscient de ce qu'il peut, retourne à la conquête de la création.

D'où vient tant d'ordre, tant de proportion dans l'unité et la variété de cet univers qui gravite autour de moi, et dont je sens mon être si distinct? Quelle conséquence rigoureuse de la cause dans les faits! Quelle convenance parfaite des moyens pour le but! Vraiment ce monde est beau! ce monde est admirable! Mais, dans l'autre monde qui palpite au dedans de moi, même unité, même variété, même ordre, même harmonie! Les deux mondes peuvent donc se mettre complètement en rapport : mon âme est bien belle aussi!

Mais plus loin, dans les cieux, quelle immensité!

dans cet Océan, quelle profondeur, quelle colère! Mon intelligence confondue s'abîme dans une vaine contemplation pour comprendre. Ses forces sont dépassées; ses ressorts vont se briser!..... Non, mon âme! encore un élan suprême de désir et d'amour, et tu vas entrevoir la toute-puissance infinie, absolue, qui te convainc de ta faiblesse et du fini de ton essence!

Gloire à vous, Être seul incréé, immuable unité de toutes les perfections, créateur permanent dont la fécondité jamais ne s'épuise, abîme de science et d'éternité, ineffable bonté que les bienfaits jamais ne lassent, gloire à vous! Je vous adore, ô mon Dieu! je m'anéantis devant votre face; car partout je vous pressens, partout vous m'apparaissez. La perfection finie de mon être et mes aspirations pour m'unir à vous me révèlent que je suis sorti de vous; que, pour moi, trouver la vérité absolue, c'est croire à votre justice, à votre sagesse; posséder le souverain bien, c'est mériter votre amour; entrevoir la suprême beauté, c'est contempler la sublimité de vos œuvres. Je n'arrive à comprendre ma propre existence qu'en m'élevant jusqu'à l'intuition de la vôtre. Dans cet univers, que vous avez créé si parfait, je vois se réfléchir, comme dans un miroir, votre trinité : intelligence, verbe et amour, et je la retrouve en moi-même cette trinité. Gloire à vous! mon Dieu; gloire à vous!

Mais vous avez daigné vous révéler à vos créatures; vous avez permis à votre Verbe de revêtir une forme visible pour que je vous touche et que je vous aime. Maintenant moi, poussière, à qui votre souffle a donné une vie à votre image, je sens aussi en moi une intelligence qui veut féconder un chaos, un verbe qui veut créer, un amour capable de vivifier. Je m'emparerai donc des matériaux de votre création visible; et, vous contemplant comme archétype du vrai, du bon et du beau, vous prenant pour criterium de la perfection, ma trinité à moi exercera aussi sa puissance créatrice; mon intelligence rayonnera dans des symboles; mon verbe se fera entendre par la lumière, par les sons, par la pierre; mon adoration, ma reconnaissance pour vous, mes joies, mes douleurs, mes désirs, mes espérances, mes affections les plus profondes, mes sentiments les plus exquis vivront et palpiteront dans mon œuvre une et variée, incarnation véritable de mon âme. Et mon semblable comprendra ce que je comprends, sentira ce que je sens; son âme se confondra avec la mienne. Voilà l'être humain parvenant à réaliser virtuellement et activement tous les effets d'une puissance créatrice; voilà l'artiste, non quand ses mains façonnent la matière pour satisfaire à ses besoins corporels, mais quand le souffle de son âme communique la vie et le mouvement à des êtres inanimés!

Qu'on me pardonne l'expression peut-être trop poétique de ma pensée : je m'efforce d'être philosophe, je ne suis que le plus humble des artistes ; et, comme tel, je n'arrive à saisir une notion, même métaphysique, qu'en la voyant s'incorporer dans une image ; je n'exprime un sentiment qu'en exhalant une prière. Il n'est pas possible à un grand artiste d'être athée : plus son orgueil s'efforce de nier le Dieu dont il subit l'inspiration, plus la magnificence de son œuvre confesse énergiquement la protestation implacable de sa conscience.

Pour être tout à fait compris, il me reste à condenser mes démonstrations dans une définition précise. L'art, dans sa conception la plus générale, la plus élevée, la plus complète, la seule vraie, l'art est l'effort fécond de toutes les facultés que le moi pensant combine pour animer de sa vie métaphysique et intime des symboles extérieurs, par les belles formes desquelles il se manifeste au dehors, individuel et tout entier : l'œuvre artistique est la réalisation de cet effort.

Si dans l'œuvre artistique le principe intellectuel et moral ne se révèle pas d'un seul trait; si le symbole n'est pas harmonieux dans toutes les parties de son unité, et que sa forme accuse dans la création la prédominance de telle ou telle faculté; si enfin mon entendement, pour saisir le sens du symbole, n'a pas besoin du développement de toutes ses forces, le plaisir que l'œuvre me procure est faible : l'œuvre n'est qu'agréable.

Au contraire, le signe visible provoque-t-il, pour comprendre sa signification idéale, l'exercice total facile et régulier de mes facultés, par un élan spontané je m'en pénètre avec bonheur, je me l'assimile avec plénitude. Sentant qu'il a fallu toute une âme pour l'enfanter, je lui livre toute mon âme pour en jouir. Ennobli, relevé, idéalisé, je m'écrie : « Voilà un chef-d'œuvre ! Voilà le beau dans toute sa splendeur ! »

Mais ici, que l'étendue de la conception, la véhémence du souffle vivifiant édifie un ensemble dont mes facultés dépassées ne peuvent apprécier l'étonnante unité, déconcertée, inquiète, ma personnalité entravée s'agite dans une indicible angoisse ; bientôt cependant ma volonté toute-puissante s'élance à la lutte contre l'obstacle, dont la résistance centuple l'intensité de mon rayon intellectuel et de ma chaleur morale; mon âme, infiniment dilatée, parvient enfin au jeu libre de ses ressorts, surmonte la force qui l'écrasait, et, triomphante, se repose complaisamment dans l'estime de sa personnalité et dans la conscience de son unité persistante; car la création idéale, dont elle a conquis la possession, l'inonde d'un bien-être suprême. Voilà le sublime !

Le beau, le sublime dans les arts, le génie seul les réalise; seul il concentre dans un foyer unique le rayon des sentiments, des idées, des images; seul il découvre des symboles nouveaux et variés, dont il fait jaillir la lumière en les harmonisant par les combinaisons les plus heureuses, les plus inattendues, ou les opposant par les constrastes les plus hardis. L'impressionnabilité excessive des sens ; la variété, l'étendue des idées et des images; la promptitude, l'énergie de l'imagination; la richesse de la mémoire, le sens intime profond, le jugement sûr, le goût exquis, la puissance d'abstraction, l'intention claire, la chaleur communicative du sentiment, la volonté irrésistible : tels sont les attributs du génie.

L'artiste médiocre n'invente pas de nouvelles formes : il combine parfois avec bonheur les types créés par le génie. L'émotion qu'il fait éprouver n'est jamais complète. Les productions de l'homme de métier ne sont qu'un agencement insipide de formules ressassées qui ne flattent que les sens, auxquels elles s'adressent.

Des formes de l'art. — Distinction entre les beaux-arts.

Si l'art est un dans son principe et dans son but, il est multiple dans ses formes, en raison des moyens qu'il emploie pour se produire.

Pour communiquer le mouvement et la vie à la matière, l'âme trouve ses agents dans les organes. Deux de ces organes, par leur sensibilité plus exquise, paraissent particulièrement susciter l'action des plus nobles facultés : la vue, qui perçoit la lumière; l'oreille, qui perçoit les sons. De ces perceptions résultent deux principes de mouvement dans les arts : l'espace, que la lumière remplit; le temps, que le son parcourt.

La lumière produit le mouvement dans l'espace par l'opposition des ombres et des rayons, dont résultent des contours, des ondulations, le dessin en un mot, où l'harmonie de l'ensemble s'établit par la proportion des détails. Par la lumière, les trois dimensions de l'étendue s'animent; l'architecte, combinant la ligne verticale et la ligne horizontale, équilibre ses masses de pierres, auxquelles la lutte des ténèbres et des clartés communique si bien la vie qu'elles cessent d'être des brutes pour devenir la pensée presque impérissable de l'homme. Par la lumière, le sculpteur, dont le ciseau a forcé le marbre à reproduire l'imposante majesté du roi de la création, le sculpteur met dans les yeux de cette image un regard, un sourire, une parole sur ses lèvres, une pensée dans son front. un désir, une volonté dans son attitude. Et le peintre! à quels prodiges n'atteint-il pas par la lumière? L'univers entier semble appartenir à sa palette; le monde visible et le monde invisible révèlent leurs secrets au gré de ses pinceaux.

A son tour, le son, modifiable à l'infini, réalise le mouvement dans le temps en contrastant avec le silence, se limitant et se précisant par l'obstacle, changeant sans cesse de manière d'être par le timbre, et variant à plaisir son intensité du fort au doux. De plus, il semble même envahir l'espace par ses fluctuations capricieuses du grave à l'aigu, de l'aigu au grave. Que le musicien, que le poète surtout s'en empare, le verbe de l'homme prend l'essor; l'homme dit : « Que ma lumière soit! » et les intelligences sont éblouies; « Que je vivifie par l'amour! » et l'amour transforme tout. Les créatures terrestres font silence, et se tiennent prêtes à obéir.

Les penseurs du XVIIIe siècle se sont vivement préoccupés d'une expérience de physique constatant que le rayon solaire, décomposé par le prisme, dispose ses sept éléments sur le réfracteur dans une proportion d'espace exactement identique à celle des vibrations qui distingue chaque son de notre gamme diatonique. La science n'a encore tiré aucune induction de ce fait singulier. Peut-être cette coïncidence de rapports cache-t-elle un mystère dont l'explication sera une de nos conquêtes pour l'avenir. Du reste, Huygens attribuait les phénomènes de la lumière, comme ceux du son, aux vibrations d'un fluide élastique. N'y aurait-il pas entre la lumière et le son non-seulement une affinité, mais encore une identité d'essence (1)?

Quoi qu'il en soit, le son parvient à figurer la vie et le mouvement tout aussi bien que la lumière. Au souffle de l'artiste, il prend des formes, il réalise des symboles où la pensée et surtout le sentiment peut s'incarner; le son est l'élément essentiel de la musique comme de la poésie; c'est surtout dans le son que l'âme trouve son verbe par excellence, le plus précis, le plus énergique. Entre une âme et un son il semble qu'une communication merveilleuse s'établisse sans cesse : le cœur ému ne saurait trouver un plus magnifique interprète. Que la pensée se manifeste par l'équerre et le compas, la passion chantera et créera tout un monde d'harmonie, dans lequel, à la vérité, aucune forme ne sera précise, aucun contour arrêté; mais tout sera infini comme l'âme pour aimer, pour prier, et s'élever jusqu'à l'extase. Qu'un homme réunisse au plus haut degré toutes les perfections de la trinité humaine : sensibilité, sentiment, intelligence; que l'oreille soit chez lui le sens le plus impressionnable, n'en doutez pas, cet homme sera musicien. Mais, si tout à la fois son oreille et sa vue sont douées d'une sensibilité plus exquise, il sera

(1) Euler, dans son hypothèse des vibrations de l'éther, remarquant que la limite de nos perceptions par l'ouïe est à 16,000 vibrations par seconde environ, pense que là finit la faculté vibratoire de l'air, et commence celle de l'éther, que la vue seule peut percevoir. D'autre part, Troupenaz donne à conclure qu'au-dessous de 32 vibrations l'oreille perd l'aptitude de juger le son, et qu'ici commencerait la faculté d'appréciation par le tact.

poète : car le poète est l'artiste le plus complet. Il élève des monuments sublimes, comme le palais de Sacountala; il cisèle des chefs-d'œuvre comme le bouclier d'Achille; il crée des types ravissants de grâce, effrayants de perversité comme Lakmi de M. de Lamartine; il dessine des tableaux gigantesques comme le Pandémonium de Milton; il chante comme un sonnet de Pétrarque, comme une ode d'Hugo; il fait jouer dans un drame inouï toutes les passions du ciel et de la terre, comme dans la Bible; enfin le poète, c'est Le Dante, c'est Goëthe, c'est Klopstock, c'est Racine. Cependant il reste encore au genre humain à produire de nos jours un prodige plus complet : ce sera l'artiste qui réunira dans son étonnante personnalité Meyerbeer et Shakspeare, Mozart et Virgile.

Enfin certains arts combinent dans une merveilleuse synthèse tous les effets des autres arts : tels sont l'art dramatique, auquel l'architecture, la sculpture, la peinture, la musique, la poésie, portent leur tribut; la mimique et la danse, qui, tout en empruntant à la sculpture et à la peinture les poses, les attitudes, le jeu de la physionomie, ne peuvent se passer de la musique pour régler et animer tout à la fois leurs mouvements harmonieux, leurs gestes expressifs.

L'art dramatique, la musique et la danse sont des arts composites.

Malgré ces formes multiples, l'art n'en est pas moins en tout la manifestation idéale de l'âme. L'imitation de la nature n'est point son but, pas plus que l'illusion : l'une et l'autre sont un moyen de l'art; mais il n'existe d'œuvre vraiment artistique que celle où rayonne une pensée, où palpite un sentiment (1). Démontrons maintenant que la faculté musicale s'est produite dans l'homme dès son origine, et que l'homme a chanté dès qu'il a souffert, dès qu'il s'est réjoui, dès qu'il a prié, dès qu'il a aimé.

—

Origine de la musique.

La création, pour bénir son auteur, exhale une universelle harmonie qui jamais ne s'assoupit, et dont la chaîne des êtres forme l'immense clavier sonore. Dans ce clavier, chaque touche a sa voix; chaque corde, son frémissement; chaque souffle, son soupir, depuis le frisson du brin d'herbe jusqu'à la clameur de l'Océan; depuis le bourdonnement de l'insecte jusqu'au fracas des tonnerres, jusqu'aux chœurs cadencés des soleils qui gravitent. Un continuel hosanna monte donc vers Dieu (2). Mais, pour

(1) Hoené Wronski, le hardi philosophe slave, définit l'art « la corporification de l'âme dans une des forces actives de la nature ». Ainsi la musique est donc l'âme corporifiée dans le son. — Voyez *le Sphinx* de Wronski, curieux écrit à plus d'un titre.

(2) Cette harmonie universelle indiquée par Pythagore, à qui les prêtres de l'Égypte et de l'Inde l'avaient sans doute enseignée, a été un objet de constantes méditations pour tous les philosophes de l'antiquité et du moyen âge. Ils y cherchaient la loi organique du monde par des rapports de nombre, et Newton lui-même n'a pas dédaigné de s'en préoccuper.

adorer ce Tout-Puissant vraiment en esprit et en vérité, une âme ici-bas ne trouvera-t-elle pas un chant? Écoutons l'homme : le plus merveilleux instrument sonore lui a été départi ; le tube de son larynx, formé de cordes tour à tour extensibles et rétractiles, communique, par l'anche élastique de la glotte, avec le pavillon des cavités nasales ; sa langue, marteau onduleusement mobile, peut frapper à volonté le tympan retentissant du palais ou le clavier strident et ferme des dents. Le limbe souple et flexible des lèvres retiendra et voilera à son gré le son en se resserrant, ou l'épanchera éclatant au dehors en s'épanouissant dans un sourire. Que les lobes pneumatiques des poumons laissent maintenant échapper un souffle, tous ces instruments, combinant leurs effets de mille manières, vont devenir la voix d'une lumineuse intelligence, d'un cœur où tous les sentiments s'agitent.

A peine sorti des mains de son auteur, l'homme dut tout d'abord enivrer son regard du spectacle de l'univers; puis, sentant son cœur battre, et sourdre sa pensée, la conscience de sa royale existence lui fit pousser un cri de ravissement, une exclamation, une voyelle : « Ah!... ». Bientôt, par l'action combinée des causes extérieures et des phénomènes internes, ce sentiment primitif, général et vague se modifia, et devint joie, tristesse, amour, antipathie, énergie, abattement, crainte pour cause de faiblesse physique, confiance par conviction de force morale. Chaque émotion diverse trouva soudainement son accent propre : l'instrument vocal se prêtant à tout, les voyelles se multiplièrent, et se nuancèrent par mille inflexions différentes ; le cri de l'homme devint un chant ; enfin le chant se transforma en paroles, parce que la pensée réclamait son expression : car les idées s'étaient ajoutées au sentiment. Il fallait que l'articulation de la consonne précisât le son de la voyelle, et l'onomatopée produisit ainsi les radicaux des langues. A mesure que l'homme fait connaissance avec la vie, les idées s'ajoutent aux idées ; la raison perçoit entre elles des rapports, les associe, les classe pour en former des jugements. Les simples radicaux de l'idiome ne suffisent plus : il faut qu'entre eux aussi s'établissent des rapports et des associations : le mot verbe unit le sujet à son attribut ; la proposition est formulée ; les particules et les désinences enchaînent les propositions ; le discours tout entier est constitué ; et désormais, quoi que l'homme pense, quoi qu'il éprouve, il l'exprimera par la parole. Sans doute l'instinct d'imitation, que l'homme partage avec certaines races d'animaux, n'a pas été étranger à cette conquête, mais comme auxiliaire seulement, et non comme cause efficiente. La Genèse a donc raison de nous dire : « Dieu fit passer sous les yeux d'Adam tous les êtres qui devaient subir son empire, et Adam les désigna chacun par son nom ». L'enfant au berceau ne procède pas autrement à mesure que la mère provoque le développement de ses facultés.

Toutes les considérations qui précèdent prouvent, j'espère, jusqu'à l'évidence, la communauté d'origine du chant et de la parole, puisque la voyelle constitue l'élément essentiel de l'un et de l'autre : si bien que toute parole est une musique par la nuance infinie des accents et des inflexions, comme aussi toute musique doit être un langage pour pouvoir exprimer l'âme (1). Mais l'expression de la musique est bien autre que celle du langage. Celui-ci suffit à la pensée, aux émotions réfléchies. Dès que les émotions sont violentes; dès que le plaisir, la souffrance, la tendresse, la haine, la colère, atteignent au paroxysme de la passion, la parole, impuissante, cède son rôle à la musique, véhémente explosion, interjection immense, profonde, indéfinie, qui mutiplie ses échos, et qui, parce qu'elle ne détermine point l'idée. est l'expression souveraine du sentiment.

Comment la musique est-elle devenue sans rivale la langue des passions infinies? Dans l'âge primitif de l'humanité, elle ne se séparait donc pas de la parole, dont elle n'était que l'expression portée à son plus haut degré. La précision de la parole ne l'obligeait pas, pour représenter l'idée, à tirer de ses propres ressources les éléments constitutifs d'un discours. Des inflexions variées, des accents doux ou forts, l'émission soutenue de la voyelle, voilà tout ce que la parole exigeait d'elle. La poésie en tirait son rhythme; le vers, sa cadence; la strophe, sa période. Mais, quand, pour des causes que j'expliquerai ailleurs, les idiomes se furent hérissés de consonnes qui heurtaient et entravaient à chaque instant l'émission chantante de la voyelle, l'alliance de la parole et de la musique ne fut plus possible. Il fallut dès lors que celle-ci, pour ne pas faillir à sa mission, se créât un domaine propre, et trouvât dans ses ressources les principes de sa grammaire et de sa

(1) J.-J. Rousseau, dans son *Essai sur les langues*, a démontré le premier l'identité d'origine entre la parole et la musique.

syntaxe : car, comme langue, il lui fallait pouvoir encore exprimer des idées, des jugements, des pensées, non d'une manière directe, mais du moins par voix d'intuition. Or, je l'ai dit, le son en tant que fait absolu ne peut avoir aucune signification expressive; mais il est infiniment susceptible de modifications (1). La musique, combinant ces modifications, parviendra à tirer du son des formes, des types mélodiques, des symboles, même des images; et, bien loin d'abdiquer sa puissance, elle pourra se définir : « La musique est l'art d'émouvoir, et de peindre en suscitant indirectement des images, par la combinaison des diverses modifications du son ». Certes, pour arriver à la découverte de pareils secrets, l'esprit humain n'a pas eu recours aux lumières de la science : le seul besoin de se manifester l'a conduit aux plus merveilleux résultats; toutefois, ces résultats atteints, la science a pu analyser les admirables procédés par lesquels notre esprit a réalisé cette synthèse.

—

Des sept modifications du son musical.

Le son, comme phénomène naturel, résulte des mouvements oscillatoires de tout corps élastique, qui, répercutés par les corps élastiques tangents, s'étendent, se propagent sous le nom de *vibrations*. L'air est le principal véhicule du son. Les vibrations irrégu-

1. Les rapports que l'intelligence établit entre ces modifications constituent précisément la faculté esthétique du son.

lières des corps élastiques ne produisent qu'un bruit.

Leurs vibrations régulières, dans un temps déterminé, sont le principe du son musical. Le degré de lenteur ou de vitesse des mouvements oscillatoires du corps sonore constitue une première modification du son qu'on nomme *intonation :* plus les vibrations sont lentes, plus l'intonation est grave ; plus elles sont rapides, plus l'intonation est aiguë. L'oreille la plus exercée ne peut apprécier une intonation au-dessous de 32 vibrations par seconde, et au-dessus de 16,384 environ dans le même temps.

On conçoit que la différence entre ces deux limites de perception puisse se fractionner en une multitude d'intonations partielles et diverses fournies par la progression arithmétique croissante ou décroissante du nombre des vibrations ; nous nommons l'ensemble de cette progression *échelle générale ascendante* ou *descendante ;* nous en nommons chaque terme *degré de l'échelle ;* enfin la raison arithmétique de la progression s'appelle *intervalle.*

Le nombre des degrés ou intonations, la grandeur de leur intervalle, ne sont point des lois de la nature, qui ne limite rien, ne précise rien dans le clavier sonore de la création : c'est une conception de notre esprit, variable selon les lieux, selon les temps. Toujours est-il que tout son musical ne peut se produire autrement que comme une intonation très-distincte de toutes les autres intonations de l'échelle générale, et résultant du nombre constant de ses vibrations dans un temps donné (1).

(1) Si jamais la science arrive à l'analyse précise des vibra-

L'intonation, première modification du son, mise en œuvre par l'imagination, et analysée plus tard par l'acoustique, l'intonation ne se produit jamais sans comporter virtuellement six autres modifications du son : 1° la résonnance harmonique; 2° la position diapasonale; 3° la durée; 4° le timbre; 5° l'accent; 6° un rôle dans la tonalité.

La *résonnance harmonique* de l'intonation est un de ces mystères féconds de la nature dont notre esprit s'empare pour ses combinaisons : tout corps sonore, outre une intonation particulière qui lui est propre, fait encore entendre simultanément avec elle trois autres intonations plus faibles, mais très-distinctes comme concomitance aliquote. Soit, par exemple, dans un temps déterminé quelconque, une vibration pour l'intonation principale ou son générateur : la première concomitance produira deux vibrations dans le même temps; la seconde, trois; enfin la troisième, cinq. Ces concomitances, dans notre système musical actuel, sont nommées respectivement l'*octave*, la *douzième* et la *dix-septième* du son générateur. Voilà donc l'intonation, âme du son, portant dans son unité trois facultés sonores, absolument comme notre âme humaine trois facultés métaphysiques; correspondance étrange, qui prouve une fois de plus que la trinité du Créateur empreint son image dans toutes ses œuvres. Ce mystère inexpliqué de la résonnance deviendra pour notre intelligence la

tions de la lumière, il est probable qu'elle trouvera dans la différence du nombre de ces vibrations en un temps donné la raison d'être des couleurs.

révélation de l'harmonie. Mais voici bien un autre fait : l'octave, qui fournit deux vibrations contre une du son générateur, semble n'être avec lui qu'une intonation parfaitement identique, quoique plus aiguë, et, de même, toutes les octaves de cette première octave. Admise par l'esprit comme identité parfaite, cette unissonnance d'une intonation avec toutes ses octaves lui fournit un moyen naturel de diviser l'échelle générale. Dès lors, depuis 32 vibrations par seconde jusqu'à 16,384 dans le même temps, l'esprit considère l'échelle générale comme formée d'une seule série d'intonations se répétant d'octave en octave, et parcourant trois régions diapasonales, le grave, le médium et l'aigu, composées chacune de trois séries. Dès lors, abstraction faite de l'échelle générale, les intonations sont réparties entre le son générateur et son octave de manière à former dans cette étendue une progression, type que, avec les Grecs, j'appellerai désormais *diagramme*. La *position diapasonale* d'une intonation se fixe donc d'après sa résonnance au grave, au médium ou à l'aigu. Dans cette position diapasonale, ne reconnaissez-vous pas l'âge, la dignité d'un son, sa jeunesse ou sa virilité? Par l'intonation, la résonnance harmonique et la position diapasonale, la voyelle du son se diversifie en un grand nombre d'autres voyelles. Trouvons les consonnes.

La *durée* est la faculté que l'intonation possède d'occuper une fraction quelconque du temps ; l'intonation est l'âme du son ; la durée en est l'existence, la vie active, la mise en lumière.

Le *timbre* est cette qualité particulière du son

résultant de l'organe, ou de l'appareil sonore dans l'instrument qui le produit. Les timbres résultant d'organes sont ceux des voix humaines; ils se classent en deux grandes familles : les timbres féminins des enfants et des femmes, les timbres mâles des hommes. Chacune de ces deux familles se subdivise en trois espèces de timbres distincts par leur degré d'acuité ou de gravité.

Voici ces espèces, en commençant par la plus aiguë :

Voix de femmes : soprano, mezzo-soprano, contralto;

Voix d'hommes : tenor, baryton, basse.

Chaque voix dans chaque espèce présente, en outre, une modification du timbre appelée ***registre,*** et résultant de la disposition diverse des parties de l'appareil phonateur :

1er ***registre :*** voix de poitrine;

2e ***registre :*** voix mixte;

3e ***registre :*** voix de tête ou fausset.

L'ascension ou l'abaissement du larynx, ainsi que la tension plus ou moins grande des fibres ou cordes vocales de cet organe, paraissent être les causes des différents registres.

Enfin chaque homme a un ***timbre*** de voix qui lui est propre. Quelle incroyable variété ! N'est-elle pas un des plus beaux apanages du règne hominal? Il n'est point d'instrument qui rivalise avec la voix humaine, et la prééminence d'un instrument dans la hiérarchie orchestrale dépend de sa faculté d'en imiter plus ou moins parfaitement les effets.

En raison de leur appareil sonore, les instruments se partagent en trois grandes classes : les instruments à *cordes*, à *vent*, à *percussion*. Trois modes d'entrer en vibration constituent trois familles d'instruments à cordes :

1° *Corde pincée* : harpe, clavecin, guitare, luth, lyre ;

2° *Corde frottée* : violon, vielle, etc. ;

3° *Corde frappée* : piano, épinette, tympanon, etc.

On compte quatre familles d'instruments à vent :

1° *A embouchure et biseau* : flûte, flageolet, etc. ;

2° *A anche* : hautbois, clarinette, basson, saxophone ;

3° *A embouchure et bocal* : trompette, cor, trombone, ophicléide, serpent ;

4° *A vent et à clavier* : Orgue, mélodium, etc.

Les principaux instruments de percussion sont :

Les tambours, les timbales, les cymbales, le triangle, le tamtam, la cloche.

Les voix humaines réunies forment le *chœur*, musique naturelle ; la réunion des instruments forme l'*orchestre*, musique artificielle.

Quel merveilleux ensemble ! Voilà toute la création qui paie tribut à un seul art ; toute la création chante au commandement de son maître : dans le chœur, ce sont les âmes ; dans l'orchestre, c'est la nature entière. On peut dire que le timbre est le corps du son musical, comme la durée en est la vie active, comme l'intonation en est l'âme.

La physionomie du son c'est l'*accent*.

L'accent consiste dans le mode d'émettre l'intonation. Par sa toute-puissance, il rend tour à tour le son éclatant, voilé, strident, velouté, limpide, sombre, sec, moelleux, pénétrant, profond, perçant, proche, lointain, âpre, caressant, impérieux, discret, humble, furtif et mystérieux. L'accent, en se modifiant dans la durée, produit la *nuance*, gradation du doux au fort, du fort au doux ; contraste brusque de la véhémence et de la mollesse. La nuance c'est la couleur du son, sa respiration pour ainsi dire, son battement de cœur.

Est-ce évident maintenant? Par la résonnance harmonique, la transposition diapasonale, la durée, le timbre, l'accent et sa nuance, un seul son vit, agit, pense, palpite, sourit ou sanglotte, s'irrite ou s'apaise, brille ou s'obscurcit ; il meurt même, car le silence l'éteint : le silence pour le son c'est la mort, le néant, le vide !

Oh ! dans les longs soirs d'hiver, au chant monotone du grillon, qui n'a pas savouré les délices des souvenirs d'enfance? Qui n'a pas caressé avec amour ses illusions favorites? La plainte discrète de l'insecte hôte du foyer ne vous semblait-elle pas la voix du temps, qui, comptant vos années, vous murmure doucement : « Ton trésor de bonheur n'est pas bien riche ! Quant à tes illusions, hâte-toi ! car je chante, je chante et me plains toujours ; mais je cours vers l'éternité ! » Mais la cloche, surtout la cloche, ses tintements lugubres me glacent d'effroi ; ses joyeuses volées m'illuminent d'enthousiasme : la prière vient sur mes lèvres ; les larmes, dans mes yeux. Je crois voir flotter le voile blanc d'une belle fiancée ; je crois entendre le bon pasteur bénir les enfants du hameau. Puis ici, c'est un petit cercueil ; c'est une pauvre mère folle de douleur ! O cloche, qui dis tant de choses, tinte et sonne encore : ta voix confesse la foi, affermit l'espérance, prescrit la charité. Et toi, clochette agreste de la chèvre errante à travers les sentiers d'aubépine et de serpolet! et toi, trompe retentissante du pâtre sur la montagne! et toi enfin, cascade grondante dont la voix semble celle de l'infini! vous me jetez dans un monde de rêveries! Et cependant grillon, cloche, trompe, cascade, vous n'êtes qu'une seule intonation, qu'un seul accent de cette musique que les anges du Ciel nous envient peut-être!

L'art aura la toute-puissance d'expression lorsqu'il combinera les rapports d'intonation, de durée, de timbre, d'accent, d'harmonie, dans l'unité de la tonalité. Alors il conquerra la logique de sa langue.

Mais le développement de cette logique ne résulte pas chez tous les peuples d'une même opération métaphysique : les prémisses en varient selon l'influence du climat et la prédominance de certaines facultés intellectuelles ou de diverses aptitudes morales. Ces causes, qui déterminent pour chaque peuple les tendances particulières de ses mœurs, les consonnes originales de son idiome, et même les accidents de sa vie sociale, déterminent aussi la nature de sa tonalité.

—

Ce qu'on entend par tonalité. — Plusieurs tonalités possibles.

On entend par *tonalité* le principe rationnellement libre en vertu duquel s'établissent, entre les diverses intonations d'un diagramme, des lois d'affinité, d'attraction ou de répulsion, déterminées par leur subordination plus ou moins directe envers la tonique, son générateur des rapports.

Ainsi la tonalité repose sur un principe rationnellement libre, et n'est qu'une conséquence de faits métaphysiques. Ce ne sont donc pas les phénomènes de la nature qui nous l'imposent, mais, tout au contraire, l'action des agents de la pensée qui la fixe indépendante de toute cause extérieure, sauf cependant le produit de la résonnance du corps sonore, dont les concomitances sont restées des points de division fixes dans l'échelle de tous les peuples connus. Plusieurs tonalités sont donc possibles, et chaque race humaine peut avoir un système musical radicalement différent de ceux des autres races. J'insiste sur cette vérité pour détruire l'opinion erronée de ceux qui veulent à toute force que la tonalité actuelle des Européens soit la seule rationnelle. Toute tonalité est rationnelle, puisqu'elle est une loi de l'esprit. Leibnitz, qui voulait créer une langue, aurait pu tout aussi bien créer une tonalité ; seulement celle-ci n'eût pas plus opéré de révolution dans la musique que sa langue dans la littérature. Une tonalité, pas plus qu'un idiome, ne peut être une œuvre scientifique que toute une société adopte : l'une et l'autre s'élaborent lentement par le sentiment collectif des races, et deviennent loi pour les individus par l'éducation de l'oreille et les habitudes d'audition contractées dès l'enfance.

En expliquant plus haut l'origine de la musique, j'ai dit que, dans l'âge primitif du genre humain, le chant ne se séparait pas de la parole, à laquelle il prêtait seulement des inflexions et des accents plus variés et plus émus. Il suit de là que la tonalité de ce chant pouvait comporter un rapport numérique de vibrations presque infinitésimal entre les degrés de son diagramme : car, le sens du mot précisant suffisamment l'idée ou le sentiment, l'intonation n'avait besoin que d'en être le coloris sonore. C'est pour cela que les Coptes et les Arabes, chez qui une tonalité semblable est encore en pleine vigueur, comptent dix-huit degrés à partir de leur tonique jusqu'à son octave. C'est encore ainsi que, d'après un autre système de tonalité, les Indous en comptent vingt-deux. Ajoutons que certaines expressions de Plutarque portent à conclure que les Grecs, avant la guerre de Troie, poussaient la division de leur diagramme jusqu'à vingt-quatre intonations diverses. Il est évident qu'une musique basée sur de pareilles échelles ne pouvait se priver du concours de la parole : autrement l'esprit sans la parole, n'ayant plus d'auxiliaire qui l'aidât à saisir des rapports compliqués, serait resté impuissant à leur trouver un sens musical. Par contre, dès que, chez les peuples septentrionaux, la musique, séparée du chant, et réduite à ses propres ressources, fut obligée d'obtenir par l'énergie de ses éléments propres un sens précis d'expressions et d'images que la parole ne lui fournissait plus, les tonalités de ces peuples se basèrent sur des rapports numériques de plus en plus simples, que l'esprit peut apprécier instantanément nets et distincts. Les races japhétiques arrivèrent ainsi à ne plus compter que treize degrés dans leur gamme ou alphabet musical ; en sorte que, d'un degré au degré conjoint suivant, l'intervalle appelé *demi-ton* est représenté aujourd'hui par le rapport numérique de vibration $\frac{243}{256}$ (1). Ce dernier rapport, le plus compliqué que notre éducation musicale nous permette de discerner *a priori*, est devenu l'unité tonale que tous les autres intervalles de notre système contiennent un certain nombre exact de fois : tellement que, si le chanteur ou l'instrumentiste nous en font entendre d'autres qui ne contiennent pas à peu de choses près un nombre exact de demi-tons, notre intelligence, subitement troublée dans ses opérations, et péniblement affectée, réagit sur l'organisme tout entier, et nous fait crier avec souffrance : « C'est faux ! c'est faux ! »

Ici se trouve complètement exposée, j'espère, la seule vraie théorie de la fausseté ou de la justesse des sons. J'espère aussi avoir mis hors de doute la possibilité de diverses tonalités basées sur des principes métaphysiques très-différents. Avant de poursuivre, je ne saurais trop répéter que tous les faits que j'examine avec le flambeau de la science n'ont pas été révélés par cette science, mais que le besoin inné chez l'homme d'exprimer ses sentiments et ses passions quand leur véhémence dépasse la puissance de la parole produit la musique sans qu'un calcul mathématique y concoure (2).

Maintenant on pourra nous dire : « Sans doute, comme conception purement métaphysique, la coor-

(1) Cet intervalle est celui que les pythagoriciens nommaient *lima*, et que nous appelons *semi-ton* ou *demi-ton*.

(2) Au reste, Leibnitz a dit que la musique est un calcul spontané que l'âme fait à son insu.

dination des diagrammes diversement possibles reste un fait acquis : puisque les idiomes, ayant tous pour fond sonore les mêmes voyelles, ne se distinguent l'un de l'autre que par certaines émissions caractéristiques de ces voyelles et par certaines articulations de consonnes qu'elles possèdent en propre, nous comprenons que les tonalités, établissant entre les intonations des affinités ou des dissonnances qui fixent leur sens expressif, comme les consonnes fixent le sens des mots, nous comprenons que les tonalités puissent différer radicalement dans le principe des rapports entre leurs intonations. Mais alors la musique n'est donc plus cet art universel auquel tous les peuples, tous les individus, demandent des émotions semblables? » — En vérité, sur la surface de la terre entière, la musique remplit son rôle : partout elle est le langage des passions héroïques et des émotions tendres. Bien plus, écoutez la nature révéler ses colères par les symphonies convulsives de l'ouragan ou du volcan prêt à s'élancer; écoutez le monde organique et le monde inorganique traduire par d'inénarrables harmonies leurs tressaillements de bien-être et les délices de leur calme. Toutes les créatures ont leur musique : il semble que, depuis le grain de sable jusqu'au chérubin, l'existence ou la vie ne puissent s'affirmer que par le bruit ou le chant. Mais, en tant que langage, la musique parle des idiomes très-variés : je n'en veux pour preuve que ce fait : lorsque nos armées victorieuses parcouraient l'Égypte, la Syrie et plus tard l'Afrique, nous crûmes tout d'abord conquérir la sympathie des populations en éblouissant leur imagination orientale par le prestige de notre musique militaire. Il n'en fut rien : dès les premiers accords, l'attitude des indigènes exprima l'étonnement, puis la stupéfaction; bientôt leurs gestes devinrent des signes non équivoques de souffrance; enfin ils s'éloignèrent avec indifférence. C'est que notre idiome musical leur était étranger. Les missionnaires jésuites ont constaté chez les Chinois une pareille antipathie. En Europe même, l'Écosse, l'Irlande et la Bretagne entendent encore des mélodies qui troublent notre oreille. D'ailleurs, deux langues musicales, le plain-chant et l'art moderne, n'entrent-elles pas dans nos études, comme aussi deux langues littéraires, le latin et l'idiome national? D'où vient cependant que le chant ecclésiastique est si peu goûté des dilettanti et des habitués de nos théâtres lyriques? C'est que, pour les uns et les autres, sa tonalité, très-différente de l'art moderne, est une langue qu'ils ne comprennent plus. Il n'en est pas de même de nos populations rurales : les dialectes ou patois qu'elles parlent ont, en général, conservé la plus étroite parenté avec le latin liturgique : aussi le chant ecclésiastique fera-t-il encore, et pour long-temps, leur délectation.

L'ethnographie trouvera quelque jour de précieuses lumières dans la recherche des causes qui ont conduit chaque race à se créer tel ou tel diagramme. L'étude de ces diagrammes et de leur transformation progressive est du plus haut intérêt ; mais le cadre que je me suis tracé pour cet Aperçu philosophique ne me permet pas d'en traiter ici : je réserve ces questions pour un autre travail. Cependant, afin d'être compris dans ce qui va suivre, je me vois forcé d'entrer dans quelques considérations sommaires sur ce sujet.

Chez les peuples, comme chez les individus, la trinité de l'âme humaine : sensibilité, sentiment, intelligence, n'agit presque jamais sans la prédominance, parfois très-prononcée, de l'une ou de l'autre de ces facultés. A ne considérer que les peuples, dès que, dans leur vie, la sensibilité (plutôt la sensation) joue un rôle exclusif, leur caractère est farouche, leurs mœurs sont grossières, le caprice et la passion brutale s'imposent comme loi unique. L'industrie de ces peuples ne dépasse pas la satisfaction de leurs besoins matériels; leurs arts plastiques se bornent à l'imitation imparfaite de quelques types élémentaires fournis par la nature; leur idiome, rauque et guttural, ressemble à leur chant, composé de sons, ou plutôt de coassements discordants, de cris aigus, échos pourtant intelligents du rugissement des bêtes sauvages ou du grincement strident de l'oiseau de proie. Quant à leurs concerts, ce n'est qu'un charivari de conques retentissantes, ou de cornes qui leur servent de trompes; un cliquetis grêle de cymbales et de grelots; un roulement sourd de tambourins sur lequel brode le sifflet perçant d'une flûte de roseau. Tels sont les Papouas, les Hottentots, les Samoïèdes, les Esquimaux, etc.

Là où le sentiment domine, le fanatisme religieux, joint aux passions voluptueuses, amène dans la vie sociale de continuelles et brusques alternatives de somnolence contemplative ou d'énergie furibonde. Le despotisme, consacrant l'esclavage, permet parfois d'élever des monuments gigantesques et désordonnés dans le plan, comme l'extase ou la frénésie ; confus et luxuriants dans les détails, comme la vision et le rêve. Le goût d'un luxe raffiné est le seul mobile de l'industrie : si la poésie atteint parfois la grandeur étrange de l'architecture, l'opulence des images y lutte presque toujours avec la subtilité des pensées. Dans l'idiome, l'élément vocal surabonde, et les consonnes sont molles et peu articulées ; en revanche, les inflexions de l'accent sont tellement variées que, dans la déclamation, elles réclament impérieusement le concours du chant. Dès lors la tonalité de celui-ci se compose d'intervalles si rapprochés que, pour les discerner, l'esprit en appelle au sens du vocable ; disons mieux : la musique de ces peuples n'est faite que pour la poésie, et le vers pour le chant. Les instruments Ehoud, Viṇa, etc., n'ont d'autre rôle que de diriger l'intonation du chanteur, ou de remplir par leurs faibles sonorités les silences qui marquent la césure du vers, ou en complètent la cadence. Tels sont les peuples de l'Inde et tous ceux qui professent l'islamisme.

La prédominance de la raison a de bien autres résultats : elle détermine la gravité monotone des habitudes, le rationalisme en religion, l'inflexibilité dans la loi, la stagnation dans les sciences et l'industrie, enfin l'esprit d'analyse en toutes choses. L'utile et l'agréable, voilà l'idéal des arts, dont quelques fantaisies grotesques sont les seules hardiesses. La langue, mouillée de diphthongues, se hérisse de consonnes doubles. La philosophie, le droit, l'histoire, les sciences exactes, en composent toute la littérature. Quant à la musique, elle ne semble qu'un procédé mnémonique pour l'enseignement ou un plaisir d'apparat. Les intervalles de sa tonalité sont basés sur des rapports très-simples; ils ne se prêtent guère à l'enthousiasme. Le chant est grave et monotone comme les mœurs. L'exécution symphonique n'exige de chaque instrumentiste que les sons sourds et peu variés des pierres sonores du king, contrastant avec les éclats isochrones du tamtam ou du crotale. Tels sont les Chinois, les Japonais, les Mantchoux; tels étaient probablement les Péruviens des incas.

Heureux le peuple chez qui la trinité de l'âme humaine agit dans un parfait équilibre! A lui seul appartiennent les bienfaits de la liberté, les merveilles de la civilisation, les prodiges des beaux-arts. Si le spiritualisme de sa foi religieuse ennoblit et fortifie sa raison sans la contredire, l'expansion du sentiment devient chez lui charité; enfin une exquise sensibilité, complétant sa faculté esthétique, lui permet de réaliser le beau sous toutes ses formes. Tels étaient, moins le christianisme, les Grecs de l'antiquité; tels sont les Européens d'aujourd'hui.

Ces considérations sur la vie morale des peuples peuvent également s'appliquer à l'individu, mais dans une sphère d'action infiniment plus restreinte. Observons toutefois que, chez l'artiste complet, bien que l'intelligence, le sentiment, la sensibilité, s'exercent en parfait équilibre, une nuance de délicatesse plus grande distingue toujours ces deux dernières facultés, et produit l'imagination.

Je me hâte de reprendre l'étude des progrès successifs par lesquels notre musique actuelle s'est mise en possession de tous ses éléments; je dis notre musique, parce que c'est le seul système qui se soit développé indépendamment des idiomes. Quant aux autres systèmes, on n'en acquiert des notions justes qu'en les étudiant concurremment avec la langue.

—

Origine de la tonalité moderne. — Causes déterminantes de sa nature.

Les ethnologues et les linguistes s'accordent généralement aujourd'hui à placer le berceau des races européennes dans l'ancienne Arie, plateau central de l'Asie. Une similitude presque complète entre les caractères physiologiques de ces races et ceux des castes dominantes de l'Inde, l'étroite parenté de nos langues mères avec le sanscrit, ont fait prévaloir l'opinion que, dès la dispersion des peuples, les descendants de Japhet, trop resserrés au pied de l'Himalaya, se sont partagés en deux grandes émigrations pour trouver les éléments nécessaires à la vie pastorale.

C'est alors que les Arias proprement dits, se dirigeant vers la petite Ourse, se répandirent sur les rives de l'Indus et du Gange, où la fertilité du sol et la vie facile amenèrent un rapide développement de leur civilisation. Bientôt ces peuples, à qui la nature prodiguait tous ses trésors, n'eurent plus qu'à en jouir, et leur intelligence put s'absorber librement dans la contemplation et les spéculations métaphysiques, tandis que l'exaltation du sentiment et la violence des passions sensuelles employaient toute leur activité à se satisfaire. Pendant ce temps, l'autre émigration marchait vers la grande Ourse ; mais, rencontrant devant elle les steppes glacés de la Sibérie, et l'Himalaya au soleil levant, elle se vit forcée de se replier vers le soleil couchant. Là, la mer Caspienne lui barrait encore le passage, et une seule issue lui était ouverte par l'étroite vallée du Caucase : elle s'y précipita ; mais, pour la traverser ou la contourner, il lui fallut se fractionner en plusieurs groupes, qui jetèrent en Europe et dans l'Asie occidentale des races encore aujourd'hui très-distinctes.

C'est ainsi que les Pélasges peuplèrent, probablement dès les temps primitifs, l'Asie Mineure et bientôt la Grèce, et que les Hellènes, leurs frères, couvrirent les versants de l'Hémus et du Pinde. Les Gaëls, entraînant après eux les Osques et les Étrusques, côtoyèrent d'abord le Pont-Euxin, puis, parcourant l'Europe centrale, s'avancèrent jusqu'à l'Océan, abandonnant à ceux qui les suivaient les passages des Alpes Juliennes, par où ceux-ci purent occuper les rivages de la mer Thyrrénienne juqu'au-delà du Tibre. Les Kimri, branche collatérale des Gaëls, s'étaient choisi pour domaine les rives du Pont-Euxin et les Palus-Méotides, laissant les Slaves ou Scythes promener leurs hordes nomades dans les plaines immenses qu'arrosent le Volga et le Don. Les Finois, branche des Slaves, s'avancèrent au septentrion jusqu'à la mer Baltique ; mais les Kimri ou Cimériens conservèrent leur domaine pendant plus de mille ans.

Par cet écoulement du flot japhétique, libres désormais de s'étendre, les Élamites ou Parsis devinrent limitrophes des Arias de l'Inde ; les Mèdes occupèrent les plaines centrales de l'Asie, et les Teutons, sous le nom de Scythes, de Massagètes, etc., parcourant en toute liberté les steppes qui bordent la mer Caspienne, et forment le Turkestan septentrional, les Teutons attendirent qu'une impulsion irrésistible décidât leur mouvement vers l'occident. Tout porte à croire que ce furent les Youngnous, repoussés de la Chine vers le milieu du VIIe siècle avant notre ère, qui précipitèrent les Teutons sur l'Asie occidentale et centrale, où, après soixante ans de ravages, une moitié de cette race fut exterminée. L'autre moitié fondit sur les Kimri de l'Euxin, dont elle poursuivit battant la masse principale jusqu'au Rhin ; là, les Kimri, de gré ou de force, se mêlèrent avec leurs frères de la Gaule et de la Grande-Bretagne, tandis que les Teutons ou Germains s'appropriaient l'immense forêt Hersinienne, et projetaient même une de leurs branches dans la Scandinavie.

L'histoire de ces âges reculés est enveloppée de ténèbres presque impénétrables : néanmoins de vagues traditions et des affinités incontestables entre les idiomes de ces souches primitives témoignent que telles ont dû être leurs marches et leurs luttes pour conquérir le domaine définitif où elles se perpétuent, formant le fond de la population malgré le mélange ou la superposition de races postérieurement conquérantes.

J'avais besoin d'établir ces faits pour en tirer les lumières par lesquelles je vais maintenant expliquer non-seulement la formation de notre tonalité actuelle, mais encore le cachet original qui, malgré la communauté de cette tonalité, persiste à marquer les productions musicales de ce qu'on appelle les écoles italienne, allemande et française.

La constitution physiologique de la race blanche ou caucasique révèle que, par dessus toutes les autres, elle est merveilleusement disposée au développement complet de la trinité humaine; mais ce développement a dû prendre des caractères divers en raison du climat, du sol, et des efforts d'activité qu'ils imposent. C'est ce qui va ressortir d'un parallèle entre l'Orient et l'Occident.

Dès que les fils de Brahma jouissent en paix de leur chaude patrie, féconde jusqu'à la profusion, leur langue, comme je l'ai dit ailleurs, s'amollit de plus en plus : les voyelles ouvertes *a, è, o, i*, s'y multiplient, et ne souffrent d'autre articulation que les consonnes douces, liquides et sifflantes; parfois aussi quelques consonnes doubles, expression passagère d'une énergie intermittente. Ainsi, dans l'Inde, il semble que l'air, raréfié par le soleil des tropiques, réclame, pour l'aspiration et l'expiration, des poitrines et des larynx parfaitement ouverts.

La langue de l'Inde est donc surtout chantante : aussi la musique, qui en est l'accent indispensable, fractionne-t-elle son diagramme en vingt-deux *trutys* (à peu près le quart du ton); rapport d'intonation que l'intelligence ne peut saisir *a priori*, mais dont le sens de la parole lui donne conscience.

Dans la Perse, tour à tour aride et montagneuse, la vie exige déjà de l'homme une activité plus continuelle : l'idiome articule déjà les voyelles par des consonnes plus fortes; les sons aspirés y révèlent partout l'effort des organes que le souffle brûlant des déserts met à de rudes épreuves. La poésie chantée demande à la musique des accents plus accusés, que celle-ci réalise par des rapports plus simples entre les intonations : c'est pourquoi le diagramme n'est plus divisé qu'en tiers de ton, dix-huit degrés dans l'étendue de l'octave (1).

Nous ne savons rien de la musique des Mèdes, des Assyriens, etc. Il est à présumer qu'elle différait peu de celle des Perses et des Arabes.

J'arrive maintenant à l'Europe.

Pour peupler l'Asie Mineure et la Grèce, les Pélasges n'eurent point à lutter contre une nature rebelle et marâtre; leurs regards purent s'enivrer encore d'un ciel fait pour le plaisir des yeux : pourquoi dès lors auraient-ils oublié les douces inflexions vocales de leur berceau? Quand la descendance de Japhet se dispersa, elle quittait à peine les plaines de Sennaar, où les récits des patriarches plaçaient les délices de l'Éden : pourquoi, dis-je, les Pélasges auraient-ils donc parlé sans chanter? Leur langue était toute musicale, et le témoignage d'Aristote est formel sur ce point. Il raconte qu'un musicien phrygien nommé Olympe avait composé, deux cents ans avant la guerre de Troie, des nomes ou airs sacrés, toujours restés populaires depuis.

(1) Cet agrandissement d'intervalle entre les degrés du diagramme est surtout caractéristique pour la musique arabe. Par certains passages de Shaadi et d'Aphise, on croit deviner que les Persans composaient plusieurs modes de leur musique avec le *truty* des Indous, comme d'autres avec le tiers de ton des Arabes.

Dans ces chants religieux, ajoute le Stagyrite, le quart ou le tiers de ton entrait comme élément, et les Grecs appelaient *enharmonie* cette division de leur diagramme.

A ce nom des Grecs, tout un monde de prodiges surgit dans l'imagination : on croit entendre la lyre d'Apollon, d'Amphion ou d'Orphée; on s'unit aux cent mille spectateurs d'Olympie pour décerner le laurier du chant et de la poésie aux Archiloque, aux Terpandre, aux Pindare. Olympe et Marsias sont dépassés. Les Hellènes, dont le séjour des montagnes a rudement exercé l'activité, ont subjugué les Pélasges, et, se confondant avec eux, ont rempli de leurs colonies tout le littoral de la mer intérieure. Cette souche féconde a produit quatre rameaux : les Éoliens, les Doriens, les Ioniens et les Achéens; mais l'unité de la race persiste, et, par la Grèce, le génie sentimental et sensuel de l'Orient grandit de toute la rectitude intellectuelle qui caractérisera désormais le Nord et l'Occident.

C'est alors que, pour enchanter le monde, retentit partout cette divine langue d'Athènes dont les voyelles et les consonnes, les éléments grammaticaux, sont en proportions tellement harmonieuses que jamais nulle émission vocale ne sera plus propre au jeu normal et régulier des appareils phonateurs; jamais accent plus musical ne servira d'expression à la trinité humaine agissant en parfait équilibre !

A mesure que la langue hellénique se forme plus énergique, plus complète que celle des Pélasges, la tonalité musicale qui la chante se dépouille de l'intervalle infinitésimal tiers ou quart de ton, pour se baser sur le demi-ton ou *lima*, produit par le rapport de vibration 243 : 256. L'étendue de l'octave ne renferme plus ainsi que douze demi-tons : c'était ce que les Grecs appelaient l'*échelle chromatique*.

Enfin la langue grecque atteint sa perfection, et déploie toute sa puissance. Le demi-ton devient un intervalle trop compliqué, trop mou, pour sa mélodie, et le genre diatonique, qui prévaut, forme définitivement son tétracorde d'une succession de quatre degrés conjoints présentant deux tons et un demi-ton diversement disposés, suivant les modes dorien, phrygien ou lydien, etc. Après cette dernière transformation, le genre enharmonique et le genre chromatique disparaissent de la pratique, et n'appartiennent plus qu'à la théorie.

Renfermé d'abord dans un tétracorde unique, le genre diatonique des Grecs n'eût été qu'un accent insuffisant de la poésie s'il n'eût tiré tous ses effets musicaux du rhythme, le plus varié, le plus émouvant qu'ait jamais créé la faculté esthétique de l'homme; mais bientôt Terpandre, et surtout Timothée, en superposant plusieurs tétracordes coordonnés d'après les principes divers des modes, étendirent l'échelle, et enrichirent la déclamation d'une foule de nouvelles inflexions mélodiques. Cependant le rhythme, dont les ressources se développaient à l'infini, resta l'élément le plus puissant de la musique grecque jusqu'à la chute de l'empire romain. A cette époque, la Grèce abandonna à l'Italie ses anciennes traditions musicales, et adopta pour son Église les mélodies et les rhythmes de l'Orient.

Quittant les Hellènes, si nous suivons maintenant

les Étrusques et les Latins en marche vers l'Italie, nous les voyons franchir de grands fleuves, contourner des montagnes neigeuses, puis défricher laborieusement un sol fécond à la vérité, mais couvert de bois et de marais. Ici les poitrines se compriment pour n'user qu'avec mesure d'un air déjà froid et souvent délétère : en conséquence, l'idiome, tout en conservant de faciles consonnes, et scandant l'inflexion des voyelles, ferme de plus en plus cet élément musical, au point que les sons *ou*, *e*, deviennent pour les nominatifs la désinence la plus fréquente ; *a* n'est plus généralement affecté qu'au nom d'idées douces et gracieuses, rayonnantes pour l'imagination : *a* reste la désinence féminine (1).

De ce qui précède il me semble qu'il faut conclure à une séparation déjà nécessaire entre l'idiome et la musique chez les Étrusques et les Latins. L'intervalle simple du ton devait être la base principale d'un octacorde essentiellement diatonique, dans lequel la mélodie se créait un domaine propre. Si, plus tard, les Grecs, instituteurs des Romains dans les arts, leur firent adopter leur système, la masse de la nation italiote dut conserver fidèlement sa vieille tonalité, dans laquelle le pâtre du Latium, l'artisan

(1) J'ai toujours été frappé de voir la plupart des langues attribuer cette expression à la voyelle *a* : c'est vraiment un merveilleux instinct qui porte les peuples à reproduire dans le nom de la nourrice le premier gazouillement de l'enfant. Quant au son *ou*, désinence principale du nominatif latin, c'est le même que nous prononçons à tort *us* : on en trouverait mille preuves.

étrusque et l'Ombrien belliqueux répétaient leurs chants de labeurs quotidiens ou leurs hymnes de guerre. Pour preuve de cette assertion, je ne veux que ce fait :

Quand, vers la fin du IVe siècle de Jésus-Christ, saint Ambroise voulut régulariser à Milan le chant de son Église, il prit d'abord pour point de départ le système grec; mais il s'aperçut bientôt que l'application de ce système aux mélodies de l'Occident était impossible, et qu'il fallait créer un nouveau système basé sur l'octacorde; car les antiennes et les hymnes étaient composées d'airs populaires que depuis longtemps les familles redisaient autour du foyer, et qui n'étaient nullement conçus dans les limites du tétracorde grec. Dès lors, la séparation fut consommée entre l'art de la Grèce et le chant de l'Église latine, quoique plus tard celui-ci empruntât à la Grèce quelques-unes de ses formes mélodiques, mais non plus ses rhythmes musicaux. Le chant grégorien fut le complet développement du chant ambrosien quand l'élément tonal des barbares du Nord l'eut agrandi et transformé.

Les barbares du Nord, ces sauvages habitants des forêts à qui les brumes épaisses du ciel disputaient sans cesse les sourires d'un soleil fugitif, ces Teutons, ces Celtes, ces Vandales, ne comprenaient l'existence que comme une lutte sans fin contre la nature ou contre leurs ennemis. S'ils trouvaient leur subsistance, c'est qu'ils l'arrachaient violemment. Ils ne quittaient l'assemblée générale du *mall* que pour s'élancer à la grande chasse des bêtes fauves; puis ils se ruaient à la bataille au chant du terrible *bardi*,

Écoutez cet hymne de mort : les dures consonnes s'y heurtent comme les épées ; les âpres voyelles tantôt grincent comme le fer sur le fer, tantôt râlent, rauques et gutturales, comme le dernier cri des mourants. Si parfois elles deviennent sourdes et épaisses, c'est pour imiter le bruit d'une pluie de sang. Ici plus de musique inhérente à la parole : le discours bondit, rapide, bref, précis comme le galop du coursier ; le vers n'est plus scandé : la consonnance de la rime en fait toute l'harmonie, et ses pas égaux se comptent par syllabes : *è, u, eu, ou, an, in, on, un, ouin,* voilà les émissions vocales qui mettent le plus à l'aise ces *gosiers farouches* que les bises aiguës menacent, et qui ne se dilatent complètement que pour répondre aux formidables interjections de l'aquilon ou de l'armée assaillante.

Quelle musique sera maintenant l'expression idéale de cette indomptable activité ? Un octacorde largement diatonique, dont les rapports d'intervalle très-simples, une mesure mathématique, une cadence régulière, préciseront le sens mélodique. Enfin, dans cet octacorde, l'esprit aura la faculté de percevoir des rapports multiples d'intervalles dans une seule émission sonore, et les rudiments de l'harmonie moderne seront créés.

Cette harmonie, la science des Grecs l'avait sans doute soupçonnée au temps de décadence ; mais elle ne la supposait pas capable de devenir un élément de leur musique, parce qu'elle eût contrarié ou même étouffé l'harmonie incomparable de leur rhythme poétique.

A peine le ve siècle de notre ère sonnait-il sa

première heure, les guerriers du Nord se précipitaient sur le cadavre romain, dont ils s'arrachaient les lambeaux. Les éléments de leur musique se combinaient avec l'art de la chrétienté latine, et, dès la fin du siècle suivant, saint Isidore de Séville constatait comme une puissance désormais conquise par la tonalité de l'Église les informes accords de la diaphonie. Le poète Fortunat, vers l'an 600, en admirait les effets sur la *krotta brithanna* ou harpe cambro-bretonne.

C'est aussi vers le même temps que saint Grégoire le Grand[1], dans son *Antiphonaire* ou *Centon*, coordonna tous ces éléments musicaux en quatorze modes, et, dans une merveilleuse fusion, allia le luxe mélodique de l'Orient à la majesté sévère des chants syllabiques de l'Occident.

Pendant les deux siècles suivants, le chaos de la barbarie tint en dissolution tous les germes de la civilisation européenne; mais, dans ce chaos. le souffle du Saint-Esprit couvait et fécondait les éléments d'une nouvelle société, que l'effervescence des passions humaines ne devait pas tarder à faire éclore.

Pour cet enfantement social, la trinité humaine sembla abdiquer le sentiment, et n'agir que par l'intelligence, force du clergé, et la sensation violente, mobile capricieux des barbares. Ces deux puissances luttèrent long-temps. Enfin la société latine[2], acceptant un rôle dans la féodalité, imposa à la force brutale des guerriers une sorte de compromis par lequel les deux facultés se prêtèrent un mutuel appui. Quant à la masse des esclaves ou serfs, elle ne fut comptée pour rien : les conséquences morales de la rédemption n'étaient pas encore entrevues; l'humanité ne se mettait pas en marche d'une manière consciente vers un avenir de justice et d'amour universel. Le réveil du sentiment divinisé par la charité devait seul appeler les déshérités à réclamer leur lot dans la terre promise.

En attendant, le clergé, dans ses écoles et dans ses cloîtres, conservait soigneusement son latin liturgique, langue semblable pour le fond à celle de Virgile, mais dont l'invasion des idiotismes barbares changeait insensiblement la forme pour l'approprier au développement des idées chrétiennes. Concurremment avec le latin, le système grégorien régnait sans partage dans les basiliques et les cathédrales; car la politique toute-puissante de Charlemagne l'avait imposé à l'Europe.

Cependant le démembrement de l'empire carlovingien se consomma par l'énergique persistance des vieilles nationalités à reconquérir leur vie individuelle. Pour accélérer cette séparation définitive, en France, en Italie, dans l'Espagne chrétienne, et même en Angleterre, de nouveaux idiomes apparurent tout formés du celtique, du tudesque et du latin : c'étaient les langues romanes. L'intelligence positive et pratique, l'activité turbulente, les avaient tirées de ces sources communes pour leur usage : aussi ces idiomes avaient répudié la nature synthétique de leur mère, et étaient devenus essentiellement analytiques, soit par la perte des désinences, des affixes et des suffixes, soit surtout par la multiplicité des particules, articles et prépositions, et l'emploi indispensable des auxiliaires pour la conjugaison.

Les seules différences qui distinguaient les langues romanes consistaient au Nord dans des voyelles plus sourdes articulées par des consonnes plus fortes, tandis que le Midi caressait, pour ainsi dire, l'émission éclatante du son par des articulations flexibles et onctueuses. Les besoins de ces nouvelles sociétés s'étaient donc créé un langage propre : pouvaient-ils rester impuissants à se trouver une tonalité? Nullement. — L'art grégorien était synthétique par ses quatorze modes ayant chacun son caractère et son rhythme indéfini : l'art mondain, pour devenir plus précis, plus analytique, lui emprunta seulement deux modes, l'un triste et doux, l'autre éclatant et animé, dont il centupla les ressources par la richesse de jour en jour croissante de l'harmonie et du rhythme, soumis à des combinaisons mathématiquement raisonnées. C'est ainsi que les premières chansons en langue vulgaire se mesurèrent tout d'abord régulièrement à deux ou à trois temps, et que la lourde diaphonie des quartes, des quintes et des octaves s'unit à celle des tierces et des sixtes.

Les instruments à archet Crwt, Goudok, connus de temps immémorial des bardes welches et des paysans slaves, devinrent, avec la cornemuse des Gaëls, l'élément des concerts profanes. Toutefois les tendances harmoniques de l'art nouveau se manifestèrent surtout en France et dans le nord de l'Europe; le génie expansif de l'Italie se complut toujours à reproduire dans sa mélodie quelque chose du luxe oriental, et l'Espagne, si passionnée, déploya sa danse sur des rhythmes aussi hérissés que ses *sierras*.

D'où viennent ces accents profondément émus? Quels sont ces accords pleins et suaves qui cherchent à s'enchaîner par une succession logique? C'est le XIIe siècle qui entonne ses chansons de gestes, ses tensons et ses sirventes. Ici, les troubadours chantent leurs amours et leurs colères; là, les trouvères, leurs récits héroïques et leurs aspirations idéales. Les idiomes se sont colorés, ennoblis pour la poésie, et demandent à la musique des notes plus expressives; le sentiment revendique son rôle dans la trinité humaine. Les croisades ébranlent le monde; les communes sont octroyées; les serfs, affranchis, et le diagramme chromatique devient nécessaire à la musique pour répondre à des passions nouvelles.

En effet Marchetto de Padoue signale le premier, au XIIIe siècle, l'avènement du genre chromatique sous le nom de *musique feinte;* et dès lors, à mesure que l'action du sentiment s'accroît dans la société, le rôle de l'accent chromatique grandit; si bien que, à la fin du XVIe siècle, un effort de génie révèle à Claude Monteverde que le demi-ton est devenu la seule base possible de notre tonalité pour réaliser le drame lyrique. Mozart et Rossini, deux siècles après, portent ce drame au plus haut point de perfection.

Ah! maintenant je partage complètement la pensée de M. Joseph d'Ortigues, qui, dans un avenir peu éloigné peut-être, entrevoit une nouvelle union de la parole et de la musique pour décupler leur puissance (1). C'est donc à tort qu'on s'obstine, dans

(1) Le parallèle entre les idiomes et les systèmes musicaux indiqués par dom Jumilhac, Brossard et Fabre d'Olivet a été supérieurement développé par M. J. d'Ortigues. Je n'ai fait

l'enseignement élémentaire de la musique, à la considérer encore de nos jours comme fondamentalement diatonique : le demi-ton en est l'essence, et c'est par lui qu'elle fournit un accent à nos plus véhémentes passions. La trinité humaine dans toute sa plénitude produit l'art, et nous donne des chefs-d'œuvre de mélodie, d'harmonie, de rhythme, d'instrumentation et d'accent, dont l'étonnant édifice restera l'admiration de tous les siècles. A l'Allemagne donc l'épopée symphonique, qui, par l'immensité et la profondeur de ses horizons harmonieux, révèle si bien que les vieux Teutons se souviennent toujours de la rêverie contemplative qu'inspirent la solitude des steppes ou l'ombre épaisse des forêts ! A l'Italie l'ode musicale, soleil éblouissant de l'âme, qui s'élance vers le soleil splendide du ciel ! A la France le drame lyrique ! La France prête son bras à Dieu quand il veut changer la face du monde. Les Irlandais et les Highlanders, possesseurs de leur terre depuis près de quatre mille ans, conserveront sans doute assez longtemps encore leurs tonalités si étranges, si originales, pour que la science achève d'y découvrir nos origines, en y reconnaissant un écho bien vague et bien lointain de la musique où nos ancêtres laissaient chanter leur cœur.

De même que le latin se perpétue, l'art de saint Grégoire est loin d'avoir dit son dernier mot : il se

qu'approfondir ici son travail, en y ajoutant mes propres réflexions. Lisez de M. d'Ortigues : *Philosophie de la musique* ; *Essai sur les tonalités*, et d'autres articles dans le *Dictionnaire de musique religieuse*.

réveille, au contraire, pour prêter sa voix, plus énergique que jamais, au sentiment chrétien, et égaler, au moins dans sa sphère, la puissance de l'art moderne, que les passions inspirent.

Nous pouvons maintenant étudier ces deux tonalités, et expliquer par quelle loi le discours musical en découle.

—

Gamme des Européens. — Tonalité grégorienne ou diatonique; tonalité monteverdienne ou chromatique.

La tonalité est le principe rationnellement libre en vertu duquel s'établissent entre les diverses intonations d'un même diagramme des lois d'affinité, d'attraction ou de dissonance, déterminées par leur subordination plus ou moins directe envers la tonique, son générateur du diagramme. La nature des rapports entre cette tonique et les intonations qui en dépendent détermine la fonction attribuée à chacune de ces intonations dans une certaine division du diagramme appelée *gamme, alphabet musical*.

La gamme, ou type tonal, est une échelle progressive de sons dont les degrés, partant d'une tonique pour arriver à son octave, sont séparés l'un de l'autre par un intervalle égal au plus petit intervalle du diagramme, ou plus grand que lui un certain nombre exact de fois. Donc les degrés de la gamme ne se succèdent pas à intervalles égaux comme les degrés du diagramme : entre chaque degré de la gamme et le degré immédiatement conjoint, l'intervalle peut être majeur ou mineur, et le nombre des degrés qui divisent le diagramme pour former la gamme peut

(1) DIAGRAMME DES EUROPÉENS.

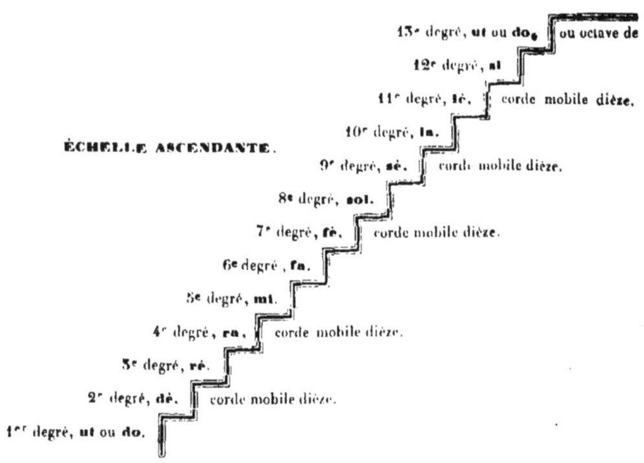

Comme on le voit, notre diagramme, depuis la tonique jusqu'à l'octave, son équisonnance, renferme treize intonations ou degrés, séparés l'un de l'autre par un demi-ton, intervalle dont le rapport numérique des vibrations $\frac{243}{256}$ est le plus compliqué de ceux que notre tonalité combine, et qui nous sert d'unité pour évaluer les autres intervalles. Douze demi-tons

(1) Les noms de *dè*, *ra*, *fè*, *sè*, *lè* que portent le deuxième, le quatrième, le septième, le neuvième, le onzième degré de l'échelle ascendante, représentent les sons qu'on désigne ordinairement sous le nom de *ut dièze*, *ré dièze*, *fa dièze*, *sol dièze*, *la dièze*. — *Reu*, *meu*, *seu*, *leu*, *zeu*, dans l'échelle descendante,

varier suivant les systèmes. Ne considérons que notre système ; voici son diagramme :

— ÉCHELLE CHROMATIQUE.

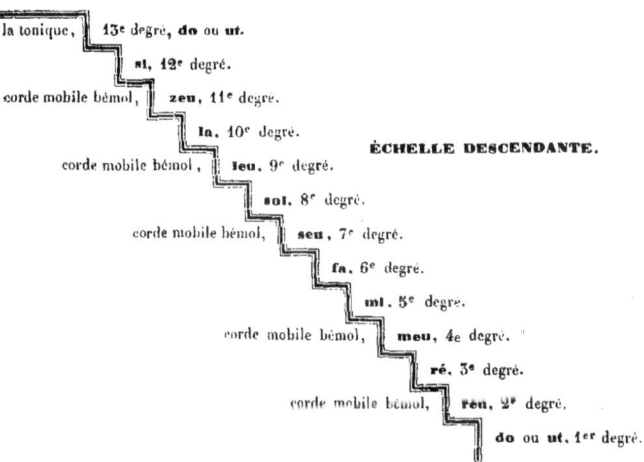

divisent donc ainsi notre échelle. Sur nos instruments à sons fixes, tels que le piano, l'orgue, la harpe, cette division est, en effet, exacte par une opération des accordeurs appelée *tempérament ;* mais, bien que notre oreille la tolère, elle blesse néanmoins, comme on le verra, les lois les plus impérieuses de la tonalité.

Pour tirer notre gamme de l'échelle chromatique,

représentent *ré bémol*, *mi bémol*, *sol bémol*, *la bémol*, *si bémol*. — En employant ces désinences particulières pour les cordes mobiles, j'imite, dans mon enseignement élémentaire de la musique, les procédés de Choron, que M. Chevet et d'autres ont cru, comme moi, d'un emploi avantageux.

nous en plaçons le premier degré sur la tonique ; puis, montant successivement au troisième, au cinquième, au sixième, au huitième, au dixième, au douzième, au treizième degré du diagramme, nous ne choisissons de celui-ci que les huit intonations *ut*, *ré*, *mi*, *fa*, *sol*, *la*, *si*, *ut*, dont la plus aiguë, équisonnance de la tonique, devient à son tour tonique de la même gamme trois fois répétée, d'octave en octave, dans chaque région diapasonale.

Ut, premier degré du diagramme et de la gamme, est séparé de *ré*, troisième degré du diagramme et second de la gamme, par un intervalle de deux demi-tons formant un ton ; — un ton sépare également *ré* de *mi*, *fa* de *sol*, *sol* de *la*, *la* de *si* ; — enfin, entre *mi* et *fa*, comme entre *si* et *ut*, il n'y a qu'un demi-ton ; en sorte que la gamme *ut*, *ré*, *mi*, *fa*, *sol*, *la*, *si*, *ut*, renferme cinq tons et deux demi-tons, ainsi disposés, du grave à l'aigu :

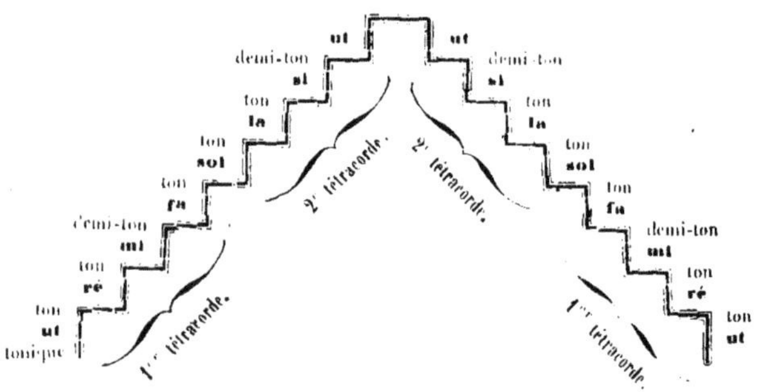

L'intervalle de ton qui domine dans cette gamme type lui fait donner le nom de *gamme* ou *octacorde de diatonique*. Cet octacorde se partage en deux tétracordes diatoniques, qu'un ton sépare entre *fa* et *sol*. Chaque tétracorde renferme deux tons et un demi-ton, symétrie sonore dont la tonalité tire un merveilleux parti. Le rapport numérique de vibrations entre deux sons qu'un ton sépare se représente par $\frac{8}{9}$, c'est-à-dire huit vibrations pour le plus grave, et neuf pour son conjoint ascendant.

Deux tonalités essentiellement différentes sont basées sur la gamme *ut, ré, mi, fa, sol, la, si, ut* : la tonalité diatonique ou grégorienne, pour le chant ecclésiastique ; la tonalité chromatique ou monteverdienne, pour la musique moderne (1). Dans l'une et l'autre tonalité, en intervertissant l'ordre successif des tons et des demi-tons, on change le mode de la gamme ; mais, dans le principe de ce changement de mode, le plain-chant diffère radicalement de la musique.

Formation des modes du plain-chant.

Le plain-chant, en variant la répartition des tons et des demi-tons par le déplacement de la tonique réa-

(1) La tonalité du chant ecclésiastique a été définitivement constituée par le pape saint Grégoire le Grand à la fin du VIe siècle. La tonalité chromatique, que je désigne sous le nom de *monteverdienne*, est le résultat d'une transformation complète opérée dans l'art, vers 1595, par l'italien Claude Monteverde. Cette révolution, que les historiens de la musique n'avaient pas comprise jusqu'à nos jours, a été démontrée par M. Fétis, qui, en cent endroits, en explique les causes et les développements progressifs.

lise dans la gamme sept modes principaux ou authentiques, sept modes dérivés ou plagaux. Pour former le premier mode, il choisit le son *ré* comme tonique ou finale; de là, passant par les degrés *ré*, *mi*, *fa*, *sol*, il s'arrête au son *la*, et compose ainsi la partie inférieure du mode, *ré*, *mi*, *fa*, *sol*, *la*. Partant ensuite de *la* pour monter jusqu'au *ré* octave de la tonique, il parcourt les degrés *la*, *si*, *do*, *ré*, dont il forme la partie supérieure du mode; en sorte qu'il obtient pour échelle totale de ce premier mode : *ré*, *mi*, *fa*, *sol*, *la*, *si*, *ut*, *ré*, échelle dont les demi-tons sont établis entre le deuxième et le troisième degré, le sixième et le septième.

En transportant la partie supérieure de ce premier mode, *la*, *si*, *ut*, *ré*, quatre degrés au-dessous de la finale *ré*, un second mode est formé dérivant du premier, ayant la même finale, les mêmes divisions de l'échelle; seulement la partie inférieure du premier mode, *ré*, *mi*, *fa*, *sol*, *la*, devient partie supérieure du second; tandis que celui-ci a pour partie inférieure *la*, *si*, *do*, *ré*, partie supérieure du premier mode transportée sous sa finale, et se confondant avec elle.

Si, procédant de la même manière, on prend successivement *mi*, *fa*, *sol*, *la*, *si*, *ut*, pour finale, on obtient six modes authentiques nouveaux, ayant chacun leur dérivé ou plagal. La répartition des tons et des demi-tons varie dans chaque mode avec la finale; en sorte que chacun des quatorze modes diffère par là de tous les autres. Dans toutes ces transformations, la gamme du plain-chant reste purement diatonique comme sa tonalité; il n'en est pas de même dans la musique moderne.

Cette tonalité chromatique, basée sur le demi-ton, divise chaque ton de la gamme *ut*, *ré*, *mi*, *fa*, *sol*, *la*, *si*, *ut*, en deux demi-tons inégaux : l'un, majeur, composé de cinq commas ou neuvièmes de ton; l'autre, mineur, composé de quatre commas seulement, comme les demi-tons de la gamme *mi-fa*, *si-ut*. Cette division des tons s'opère au moyen d'une corde mobile, ou degré variable d'un comma, placée entre chaque ton de la gamme diatonique, comme on peut le voir aux degrés 2, 4, 7, 9, 11, du diagramme. La corde mobile élève ou abaisse d'un comma son intonation pour qu'il n'y ait jamais qu'un demi-ton mineur entre elle et le degré conjoint ascendant ou descendant vers lequel les lois tonales déterminent sa tendance. C'est ainsi que, entre *ut* et *ré*, la corde mobile devient *dè* si l'attraction de *ré* l'invite à monter, et *reu* si l'attraction de *do* l'invite à descendre; de même, entre les tons *ré-mi*, *fa-sol*, *sol-la*, *la-si*, les cordes mobiles deviennent respectivement et tour à tour : *ra* pour monter à *mi*, *meu* pour descendre à *ré*, *fè* pour monter à *sol*, *seu* pour descendre à *fa*, *sè* pour monter à *la*, *leu* pour descendre à *sol*, enfin *lè* pour monter à *si*, et *zeu* pour descendre à *la*. Les cordes mobiles, quand leur rôle est ascendant, prennent le nom de *dièzes* : tels sont *dè*, *ra*, *fè*, *sè*, *lè*; elles prennent le nom de *bémols* quand leur rôle est descendant : tels sont *zeu*, *leu*, *seu*, *meu*, *reu*. Sur l'échelle du diagramme, les degrés 2, 4, 7, 9, 11, portent à la fois chacun un dièze et un bémol; le dièze et le bémol sur un même degré sont dits *intonations synonymes* ou *enharmoniques*, parce qu'ils ne diffèrent que d'un comma, dont le rapport numérique des vibrations se représente par $\frac{80}{81}$. Quant aux demi-tons *do-dè*, *ré-reu*. *ré-ra*, *mi-mè*, etc., ce sont des demi-tons majeurs de cinq commas.

La tonalité grégorienne n'a jamais partagé les tons de sa gamme par des cordes mobiles, excepté cependant le ton ***la-si***, dans lequel ***zeu*** s'interpose accidentellement pour descendre à *la*, ou éviter entre ***si*** et ***fa*** une relation de trois tons ou *triton*, relation destructive du genre purement diatonique : car ce genre, dans lequel l'octacorde de chaque mode est formé de deux tétracordes, renfermant chacun deux tons et un demi-ton dans quelque ordre qu'il se présente, ne peut admettre le tétracorde *fa-sol-la-si*, composé de trois tons. Ce tétracorde subversif était appelé par les anciens auteurs *diabolus in musica*.

La tonalité monteverdienne est bien moins riche que sa sœur dans le genre purement diatonique : elle ne compte que deux modes : le majeur, qui n'est autre que la gamme-type : *tonique*, *ton*, *ton*, *demi-ton*, *ton*, *ton*, *ton*, *demi-ton;* le mineur, dont la gamme ascendante se formule ainsi : *tonique*, *ton*, *demi-ton*, *ton*, *ton*, *ton*, *ton*, *demi-ton*; et la gamme descendante : *octave de la tonique*, *ton*, *ton*, *demi-ton*, *ton*, *ton*, *demi-ton*, *ton*. La double échelle du mode mineur renferme ainsi trois demi-tons différents : l'un, du second degré au troisième; l'autre, du septième au huitième degré; enfin le dernier, du sixième degré au cinquième. On verra par la suite que cette abondance de demi-tons enrichit le mode mineur d'une très-grande variété d'accents expressifs.

Au premier aspect, les deux seuls modes diatoniques de la musique moderne doivent paraître une pauvreté : il n'en est rien : outre que, pour créer des attractions ascendantes ou descendantes, elle peut substituer à chaque degré des deux modes les cordes mobiles conjointes, elle peut encore prendre pour tonique d'un mode majeur ou mineur chaque degré de son diagramme chromatique. Ce n'est pas tout : chaque gamme majeure ainsi transformée par le déplacement de la tonique renferme implicitement une gamme mineure descendante; de même chaque gamme mineure descendante renferme une gamme majeure relative.

Comme dans les modes du plaint-chant, l'octacorde des deux modes monteverdiens se partage en deux tétracordes diatoniques; mais ceux-ci, loin de répugner au triton, lui empruntent, au contraire, la vie et le mouvement de toutes leurs combinaisons.

Fonctions des sons de la gamme. — Parties du discours musical.

Pour réaliser la variété des modes dans l'unité de la gamme, il fallait nécessairement qu'à chaque intonation de celle-ci une fonction spéciale fût attribuée, en raison de l'empire plus ou moins absolu qu'exerce sur elle la tonique; la tonique, à qui le phénomène naturel de la résonnance communique toujours une vertu prolifique, comme son générateur.

L'esprit humain ne s'est pas fait attendre : la tonique est le son substantif par excellence, dont tous les autres ne semblent que des attributs; c'est la tonique qui gouverne en souveraine tous leurs rapports. Elle n'a pas besoin de se faire entendre pour être partout présente; elle agit sans cesse; en un mot, elle règne, elle est l'âme de la tonalité. L'octacorde entier est une émanation du souffle de la tonique, qui seule fait naître le sentiment du repos, de la plénitude du sens achevé; c'est l'*alpha*, c'est l'*oméga*.

Le cinquième degré, générateur secondaire du tétracorde supérieur de la gamme, participe en sous-ordre à toutes les prérogatives de la tonique : il est, comme elle, un substantif; comme elle, il fait naître le sentiment du repos et du sens achevé, mais seulement d'une manière accidentelle. Il provoque surtout le mouvement; car il est le centre de la gamme et son pivot sonore; tellement que, si l'on renverse l'un sur l'autre les deux tétracordes, la tonique se confond avec son octave, son pronom; mais le cinquième degré reste seul, replié sur lui-même, et ne rencontrant que soi : à tous ces titres, il a reçu le nom de *dominante*.

Le troisième degré intermédiaire de la tonique et de la dominante est par excellence le son adjectif, attributif; il n'implique nul sentiment de repos ou de sens achevé : il exige, au contraire, des compléments. Quoique la résonnance naturelle le produise très-saillant, nul sens ne peut s'appuyer sur lui. Cependant, séparé du quatrième degré par un demi-ton, il lui fait subir son attraction; mais très-souvent aussi il subit la sienne. Dans le mode mineur, le troisième degré peut prendre le rôle de tonique; car de lui découle naturellement dans ce mode une gamme majeure relative. Il est encore un des substantifs dans le plain-chant. Le troisième degré s'appelle *médiante*.

La tonique, la médiante, la dominante, sont les

cordes substantives du plain-chant (1) ; jointes aux deux sons qui environnent la finale et à ceux que des demi-tons séparent, elles composent toutes les ressources expressives de la mélodie. La tonalité moderne est infiniment plus riche.

Le quatrième degré, ou *sus-médiante;* le septième degré, ou *sensible,* pour les deux modes ; le sixième, *sus-dominante*, et le second, *sus-tonique*, pour le mode mineur seulement, voilà par essence les sons soumis à l'attraction. Verbes sonores, ils répandent partout la vie, le mouvement, l'action : la sus-médiante cherche la médiante ; la sensible appelle la tonique supérieure : ces deux sons, mis en contact, font sentir ce pénible triton qui, troublant l'esprit, doit amener comme compensation l'audition de la tonique et de la médiante. Pour satisfaire à la même conséquence du triton dans le mode mineur, la sus-tonique cherche la médiante, et la sus-dominante, la dominante.

La sus-médiante, comme génératrice du second tétracorde descendant, prend accidentellement tous les attributs d'une tonique ; de même la sus-dominante du mode majeur, de qui découle naturellement une gamme mineure relative. Quant à la sus-tonique, si elle ne subit pas l'attraction de la médiante mineure, elle reste une intonation simplement copulative ou conjonctive ; de même la sus-dominante quand elle n'est ni tonique ni verbe.

(1) L'intonation *si* ne peut servir de dominante ou pivot méthodique à aucun mode ; car, se trouvant alors continuellement en relation de tritons avec *fa*, elle gênerait les successions mélodiques, qui ne peuvent admettre cette relation, souverainement antipathique au genre diatonique.

Enfin la médiante et la sus-dominante, seules cordes qui varient dans les changements du mode, sont par excellence les intonations adverbiales, puisqu'elles seules modifient la manière ou le mode d'existence de la gamme. Au reste, cette existence est toujours énergiquement affirmée par la sus-médiante et la sensible, c'est-à-dire le triton.

Ce rôle capital du triton dans la tonalité moderne la sépare donc radicalement du plain-chant : le triton suscite inévitablement les successions chromatiques, essence de la musique moderne ; le plain-chant les repousse.

Substantif, pronom, adjectif, verbe, adverbe, conjonction, interjection (surtout), la tonalité a tout tiré de la gamme type, qui désormais peut se formuler ainsi : *tonique*, *sus-tonique*, *médiante*, *sus-médiante*, *dominante*, *sus-dominante*, *sensible*, *tonique*. La mélodie peut naître maintenant : mettant en rapport tous ces éléments, et les combinant par la logique inflexible des lois tonales, elle formulera la proposition musicale, et réalisera, de syllogisme en syllogisme, l'entier développement du discours.

—

Mélodie, harmonie, grammaire, syntaxe.

Pour mettre en rapport les parties du discours musical, la tonalité procède par deux modes de combinaisons : 1° la mélodie ; 2° l'harmonie.

La mélodie combine les rapports par succession ; l'harmonie, par groupe de sons simultanés ou *accords*.

La mélodie, c'est le chant proprement dit, c'est le discours; l'harmonie n'est qu'une conséquence tonale de la mélodie : elle la suit en esclave pour la fortifier, soutenir son vol, préciser son expression en condensant dans une seule émission sonore les éléments multiples de la proposition.

Dans la mélodie, comme dans l'harmonie, la nature des rapports entre les sons dépend des intervalles qui les séparent. Chaque intervalle a des fonctions déterminées dans le discours, tout aussi bien que chaque son de la gamme. L'intervalle emprunte son nom au nombre des degrés qu'il parcourt dans l'octacorde; mais il se mesure par les demi-tons qu'il renferme. Quant à sa nature ou à son rôle comme succession ou comme accord, la science a constaté que c'est le rapport des vibrations qui les détermine.

Un rapport simple produit un intervalle *consonnant*, c'est-à-dire agréable, où l'esprit se complaît; un rapport plus compliqué suscite dans l'esprit un désir, une exigence de complément : l'intervalle est alors *consonnant appellatif;* un rapport très-compliqué irrite l'esprit, le blesse, le force à demander une compensation : l'intervalle est alors *dissonnant*, et l'on appelle *résolution de la dissonnance* la compensation consonnante par laquelle l'esprit retrouve son repos et sa liberté d'action. Cette théorie des intervalles, que je crois complètement neuve, révèle tout le secret des émotions que la musique fait éprouver.

L'octave (huit degrés diatoniques, douze demi-tons, cent vibrations contre cinquante), l'octave, consonnance parfaite, est l'intervalle substantif par excellence. L'esprit, qu'elle laisse impassible, l'accepte comme terme final et conclusion : l'octave résume l'octacorde tout entier.

La quinte juste (cinq degrés diatoniques, sept demi-tons, soixante-six vibrations contre cent), la quinte, consonnance parfaite aussi, s'établit entre une tonique et sa dominante, entre une tonique supérieure et la sus-médiante. La quinte réunit donc les substantifs de la gamme ; elle est intervalle substantif. L'esprit, sans s'émouvoir, s'y complaît, et l'accepte volontiers comme sens achevé. La quinte révèle l'octacorde tout entier ; car, des deux sons qui la forment, l'un engendre le premier tétracorde de la gamme ; l'autre, le second.

La quarte juste (quatre degrés diatoniques, cinq demi-tons, soixante-quinze vibrations contre cent), la quarte, malgré la simplicité de son rapport, n'est pour l'esprit qu'une perception vague. Comme elle ne renferme implicitement qu'un tétracorde, elle rétrécit pour ainsi dire la perspective sonore ; elle n'a point de sens précis. Comme accord, elle est un excellent intervalle conjonctif ; et, lorsque deux substantifs tels que la dominante et la tonique supérieure la font entendre, elle peut devenir un verbe intransitif ; car elle réclame alors un complément ou cadence indirecte. La quarte est une consonnance *mixte*. Les anciens auteurs l'ont souvent traitée comme dissonnance.

La tierce (tierce majeure : trois degrés diatoniques, quatre demi-tons, soixante-dix-neuf vibrations contre cent ; — tierce mineure : trois demi-tons, quatre-vingt-trois vibrations contre cent), la tierce force l'esprit à l'attention, l'anime, le provoque ; l'esprit, à son tour, cherche la tierce, la désire, s'y délecte. Formée par une tonique et sa médiante, ou par une médiante ou sa dominante, ou par des toniques relatives, la tierce ne révèle pas l'octacorde entier; mais elle s'unit comme attribut à tous les substantifs; elle caractérise le mode; elle modifie le verbe. Les tierces sont des consonnances *imparfaites;* entendues simultanément avec la quinte, elles produisent l'*accord parfait*, accord substantif.

La sixte (sixte majeure : six degrés diatoniques, neuf demi-tons, ciquante-neuf vibrations contre cent; — sixte mineure : huit demi-tons, soixante-trois vibrations contre cent), la sixte joue absolument le même rôle que la tierce; elle impressionne l'esprit de la même manière; elle est aussi consonnance imparfaite, quoique cependant elle indique vaguement l'octacorde tout entier.

L'octave, la quinte, la tierce et la sixte sont les concomitances les plus énergiquement accusées par la résonnance naturelle; leur force d'adhérence au son générateur est telle que, si l'émission d'une tierce ou d'une sixte se prolonge comme accord, un troisième son ne tarde pas à s'épanouir dans une région diapasonale plus grave, sans qu'aucune voix, aucun instrument ne l'entonne : c'est le son générateur qui revendique ses droits. Admirable phénomène ! esprit humain plus admirable encore, puisqu'il a mis en œuvre tous ces trésors d'harmonie bien avant que la science ne les soupçonnât !

Dans la pratique de l'harmonie, le son le plus grave sert de critérium pour analyser tout accord : c'est toujours comme son générateur. L'esprit humain procède en ceci comme la nature.

Dans le plain-chant, toutes les successions mélodiques possibles, toutes les harmonies qui en sont la conséquence nécessaire, se renferment dans l'emploi des consonnances parfaites, imparfaites et mixtes. Le genre diatonique ne peut, par essence, dépasser cette limite. Son domaine d'expression n'en est pas moins immense; car la constitution particulière de chaque mode oblige chaque son et chaque intervalle à changer de fonction en passant d'un mode à l'autre. Dans les successions mélodiques, cette métamorphose de l'intonation reste vague; mais l'harmonie est là pour la préciser : l'harmonie est donc un élément indispensable de l'art grégorien. C'est pour avoir méconnu cette rigueur logique que tant d'hommes éminents ont dépensé en pure perte des trésors d'érudition à discuter si le plain-chant peut admettre l'harmonie : il ne l'admet pas : il l'a créée, il l'exige, sous peine d'abdiquer sa puissance comme art. Toutefois l'harmonie du plain-chant ne peut être que consonnante par l'émission simultanée des cordes principales de chaque mode et de leurs cordes expressives dans quelque ordre que ce soit. Loin du plain-chant le triton, dont la présence ne doit être soupçonnée ni dans un accord ni même dans une succession mélodique !

Chaque mode engendre des accords, des successions, qui le caractérisent, jaillissant de son unité, et circulant, comme une sève sonore, de la finale à la dominante, de la médiante aux deux pénultièmes qui entourent la finale. Les successions et les accords découlent de la dominante, centre du mode.

Le fond de la mélodie et de l'harmonie moderne

repose sur les mêmes consonnances; mais l'art de Monteverde leur réserve seulement les rôles de substantif, d'adjectif, d'adverbe, de conjonction et d'interjection; quant aux verbes, les voici :

Le triton (quarte majeure, trois tons, six demi-tons, cent vibrations environ contre soixante-dix, quatre degrés de la sus-médiante à la sensible); la quinte mineure (cinq degrés diatoniques de la sensible à la sus-médiante, deux tons et deux demi-tons, six demi-tons, cent vibrations environ contre soixante et onze), le triton et la quinte mineure, par leurs rapports compliqués, frappent vivement l'esprit, le font douter du mode, et même de la tonique. Identiques comme sonorité, ces deux intervalles peuvent se substituer l'un à l'autre. L'attraction de deux cordes principales leur imprime une tendance invincible, en vertu de laquelle la sus-médiante descend sur la médiante, et la sensible monte à la tonique. Mais, si, mobilisant ses cordes, le triton se transforme en quinte mineure, dont une autre tonique sollicitera l'intonation inférieure en même temps qu'une autre médiante contraindra le son supérieur à descendre, l'esprit, perplexe à l'audition de cet intervalle, réclamera impérieusement un substantif et un attribut. La même transformation peut s'opérer dans la quinte mineure. Le triton et la quinte mineure sont deux consonnances *appellatives;* leur présence répand la vie partout : ils sont pour la tonalité le verbe vraiment substantif, l'affirmation de l'existence.

La seconde majeure (ton, deux degrés, quatre-vingt-huit vibrations contre cent); la septième mineure (sept degrés diatoniques, dix demi-tons, cinquante-six vibrations contre cent (1)); la seconde majeure et la septième mineure sont des dissonances, renversement l'une de l'autre, qui, lorsqu'elles sont produites par le contact de la sus-médiante et de la dominante, prennent le nom de dissonance *naturelle*.

Elles sont le nerf de la tonalité; car la seconde majeure naturelle est précisément formée par la rencontre des deux tétracordes de la gamme; elle résume donc cette gamme, comme le triton et la quinte mineure, avec lesquels s'unissant elle produit le verbe le plus énergique, le plus irrésistible, tout à la fois consonnant et dissonnant, et qui, comme accord, se nomme *accord de septième de la dominante*. Tout l'art moderne réside dans cet accord, dont les mille transformations, comme autant de verbes attributifs, expriment mille modes d'action des substantifs, en s'appuyant tour à tour sur toutes les toniques que peut fournir le diagramme. La dissonance naturelle et le triton, précédés et suivis de sons substantifs et

(1) Tous les rapports de vibrations qui composent ces derniers intervalles ne sont qu'approximatifs. Ils ont donné lieu à d'interminables discussions entre les mathématiciens et les musicistes, depuis Pythagore, qui les a déterminés le premier, jusqu'aux savants de nos jours. M. Fétis veut qu'on ne tienne aucun compte de ces débats, sur lesquels néanmoins il a fait rayonner les lumières de sa profonde critique : « Dans les faits de l'intelligence, dit-il, les phénomènes de la nature ne peuvent faire loi ». Pour moi, je pense que, si l'intelligence s'empare des phénomènes de la nature pour se manifester, c'est qu'elle y devine des lois rationnelles dont la science n'a pas encore découvert le principe essentiel.

adjectifs, voilà le verbe, le sujet, l'attribut; voilà la proposition!

Mais le demi-ton c'est la dissonnance la plus saisissante, la plus déchirante : l'esprit sent que, si la limite de rapports en est dépassée, le chaos musical commencera pour lui : aussi le demi-ton le trouble, l'effraie, l'exaspère, le décourage; l'esprit appelle le repos. Mais, comme les cordes mobiles peuvent engendrer le demi-ton, le faire surgir partout, le demi-ton est l'accent expressif sans rival : c'est une pointe aiguë, un rayon brûlant; c'est une larme; c'est un sanglot, un cri de colère, un frisson d'amour; c'est une lèvre qui cherche le baiser! Le demi-ton crée l'infini dans l'harmonie : qu'il s'introduise furtivement dans l'accord le plus placide, soudain cet accord, au gré du demi-ton, devient déchirant, suave, vaporeux, profond, souriant, éploré, aérien, magique. Le demi-ton produit toutes les modulations, c'est-à-dire les transformations de l'ordre tonal par les changements de tonique.

Lorsque, à la fin du XVIe siècle, Claude Monteverde, par une révélation du génie, créa l'accord dissonnant et la modulation chromatique, il opéra dans l'art une révolution tellement radicale que désormais le plain-chant, expression sublime d'une foi religieuse qui, repoussant toute passion humaine, s'affirme sans se discuter, le plain-chant dut déposer le sceptre de l'art mondain; et le drame lyrique, l'épopée symphonique, firent leur avènement. La musique aussi avait découvert son nouveau monde, et Monteverde en était l'infatigable Christophe Colomb.

Plus rien ne manque à l'analogie surprenante de la parole et de la musique : le substantif de la tonique et de la dominante se fait-il entendre, aussitôt le verbe du triton et de la dissonnance naturelle affirme l'existence de la tonalité ; les attributs sont unis au substantif, et le complètent : voilà la proposition, le jugement. De nouveaux verbes viennent exprimer l'action ; le jugement s'ajoute au jugement, et la pensée musicale se développe. Mais d'autres pensées découlent de cette pensée première : le sens s'étend, fuit, revient, s'obscurcit, reparaît de nouveau lumineux ; ici, le mot a sa signification propre ; là, c'est une expression figurée ; plus loin, l'équilibre tonal semble s'ébranler ; l'imagination, haletante, poursuit la pensée, qui s'égare, se disperse, se ramifie ; les épisodes succèdent aux épisodes ; les surprises, aux surprises ; la modulation déroule ses caprices : c'est une continuelle métamorphose de tonique en dominante, de dominante en médiante ; l'horizon sonore s'élargit, se resserre ; la tonalité se dissimule encore ; enfin tout vient aboutir à l'unité de la tonique, et l'imagination se repose.

Que le plain-chant maintenant promène ses graves périodes à travers les circuits infinis du grave à l'aigu ; qu'il exhale dans toute son amplitude sa cantilène, solennelle comme une cathédrale, formidable comme les mille voix de l'orgue ou de la foule, élancée comme la prière, ardente comme la foi des martyrs, enthousiaste comme l'espérance, onctueuse comme la charité; qu'il adresse au Verbe fait homme ses soupirs, humbles et tristes comme la pénitence, réservés comme la crainte de Dieu, respectueux comme l'adoration, émus et chastes comme l'amour divin, l'immuable unité de son ordre diatonique exprimera Dieu. Les trois cordes principales de chacun de ses modes seront ce triangle éblouissant et mystérieux que Dante voyait splendir au sommet du ciel; son octacorde, uni au demi-ton artificiel de sa corde mobile, acclamera : « Saint! saint! saint! » comme les neuf chœurs d'anges; ses sept modes authentiques répandront comme un flux de grâce les sept dons du Saint-Esprit; ses sept modes plagaux exalteront les joies des sept béatitudes; la mélodie, appelant sans cesse l'harmonie, proclamera la communion consolante de l'Église triomphante et de l'Église militante; l'unité de la tonalité sera la foi; chaque accord, toujours consonnant, symbolisera la charité; enfin le rhythme, qui marche, qui agit, peindra les vicissitudes du chrétien, qui, pèlerin sur cette terre, poursuit avec confiance la conquête de la terre promise. Deux modes engendrés par la même finale lui disent que la loi de crainte et la loi d'amour se sont confondues dans la personne du Sauveur; il entend dans les quatre cordes de chaque tétracorde les quatre évangélistes prêchant la bonne nouvelle; il apprend par le triton proscrit que toute passion terrestre doit rester étrangère à son cœur. O sublime plain-chant! art incomparable! je sens bien que le souffle du Saint-

Esprit t'a créé : tu me ravis de joie, tu me consoles, tu me fais planer dans l'infini (1).

Si l'art grégorien est l'écho du Ciel, la musique moderne est le concert de l'humanité. Toutes les richesses mélodiques et harmoniques de celle-ci ne se renferment pas seulement dans des substantifs, des attributs, des verbes : ce ne sont là que ses éléments intégrants; une foule de sons accidentels produits par les cordes mobiles nuancent, transforment sans cesse ces éléments. A peine la pensée de l'artiste est-elle éclose, la passion s'empare de lui; l'inspiration lui dicte des miracles; la mélodie égraine ses perles chromatiques; les dissonnances s'entre-choquent; les successions mélodiques, les accords, se précipitent comme un torrent, ou distillent une suave rosée; les gammes échevelées s'évitent et se cherchent; l'arpége lance ses flèches acérées, et retombe en grondant dans les profondeurs des cordes graves; le trille pétille; le *grupetto* découpe ses festons mélodieux; l'apogiature fait saillir ses facettes scintillantes; le dièze soupire; le bémol pleure; le dessin sonore ondule, se replie; mais, dans ce chaos féerique, le verbe du triton commande à la tonique d'imposer sa loi : tout remplit sa fin, l'ordre règne, et le discours est achevé.

(1) Qu'on ne s'imagine pas que ces rapprochements entre la musique de l'Église et ses dogmes sont de purs jeux d'imagination. — Je suis convaincu que, dès qu'un art atteint sa perfection, il réalise des symboles pour exprimer toutes les grandes pensées qui l'ont enfanté. De même qu'une cathédrale reproduit par la pierre toutes les données de l'Évangile, ses dogmes, sa morale, son histoire, le chant grégorien trouve aussi des accents où toutes ces choses vivent et palpitent en y imprimant leur empreinte distincte.

Dans les systèmes de musique dont la tonalité n'a d'autre destination que de prêter à la poésie des accents plus pénétrants, plus solennels, toutes les merveilles de notre art sont égalées, peut-être même surpassées. Le ton du coloris sonore y est chaud comme le soleil torride; mais les évolutions de la voix, immenses, infinies comme le désert, en ont presque toujours la tristesse monotone. Le rapport infinitésimal des intervalles empêchant l'intonation de se fixer d'une manière sensiblement distincte, la voix glisse d'une région diapasonale à l'autre sans faire sentir individuellement les degrés de l'échelle : aussi concevoir un son isolé paraît impossible au chanteur de l'Orient. Pour lui, l'élément mélodique le plus simple n'est pas un son : c'est un groupe de sons; chaque partie du discours est encore un groupe de sons. L'harmonie, loin d'être nécessaire, devient impossible. Une telle musique blesse notre sens esthétique, dépasse nos facultés, nous est insupportable : qui sait cependant si les tiers ou les quarts de ton qui ravissent de plaisir le muezzin sur son minaret, le brahmine dans sa pagode, n'entreront pas un jour dans notre système agrandi, transformé? Des expériences sont déjà tentées (1). Et puis d'ailleurs, dans nos mélodies populaires des Pyrénées et des bords de l'Aude, dans

(1) Depuis le XVIe siècle, soit pour retrouver le genre enharmonique des Grecs, soit pour expérimenter sur nos oreilles les tonalités de l'Orient, on a plusieurs fois essayé de construire des instruments dont le clavier fournissait la division de l'octave par tiers et par quarts de ton. Voyez sur ce sujet les intéressantes recherches de M. Vincent, membre de l'Institut.

les *fandango* et les séguidilles des Espagnes, n'entend-on pas un écho, très-reconnaissable quoique affaibli, de ces antiques romances, délices des belles houris que priaient d'amour les Zégris et les Abencérages.

En attendant, la puissance de notre mélodie et de notre harmonie telles qu'elles sont semble illimitée; mais il faut que je me hâte de les enrichir encore d'une complète perfection de forme et de dessin par un nouvel élément, une nouvelle articulation de la voyelle : je vais parler du rhythme.

Du rhythme. — De la mesure. — Prose musicale. — Versification.

Le rhythme résulte des diverses modifications de la durée combinées dans le temps. Tout ce qui s'accomplit dans le temps est soumis au rhythme : il y a rhythme dans les accidents de la vie, rhythme dans les évolutions des astres, rhythme dans le vol de l'oiseau, dans les caprices du ruisseau qui serpente. La tempête rhythme ses bonds furieux, comme la brise des nuits ses caresses; la foudre, ses éclats; l'éclair, ses sillons; l'orateur rhythme son geste; le danseur, ses pas; le moissonneur, l'impulsion de la faucille, ou la chute cadencée du fléau. Le rhythme est la respiration de la parole, dont les voyelles longues ou brèves, les silences intermittents, retiennent ou précipitent l'émission; mais c'est surtout à la musique que le rhythme est inhérent : c'est un de ses éléments les plus féconds pour émouvoir.

La durée de l'intonation peut se prolonger ou se restreindre d'une manière infiniment variée; le silence plus ou moins long peut l'interrompre : voilà dans la musique la faculté du rhythme. La musique et la parole possèdent donc en commun ce précieux élément : preuve nouvelle de leur commune origine.

En développant ses successions et son harmonie dans les trois régions diapasonales, la mélodie semble envahir l'espace; mais, en s'assouplissant au rhythme, elle règnera sur le temps pour en disposer à son gré. Par le rhythme, ses proportions se dessineront clairement, et ses contours deviendront précis. A la symétrie sonore des successions et des accords s'ajoutera la symétrie des durées et des silences : de là, des lignes, des angles saillants ou rentrants, des circonférences de sons, soit que le trait ascendant ou descendant projette la verticale, soit que l'intonation, rebondissant sur elle-même, dessine le trait horizontal : de là, des images, des symboles se multipliant à l'infini. Le rhythme est le geste de la mélodie.

Mais tout compas, pour projeter une ligne, part d'une unité, le point : pour se dessiner, le rhythme s'appuie aussi sur une unité, l'instant. Cette unité est essentiellement variable : la déterminer c'est donner au rhythme son attribut indispensable, son mode d'existence; c'est lui imprimer le mouvement. Le mouvement est, en effet, le degré de lenteur ou de vitesse assigné à l'instant pour servir d'unité rhythmique. L'effet du rhythme dépend absolument de cette première impulsion du mouvement : la même mélodie chantée tour à tour dans un mouvement lent ou rapide produit deux impressions totalement différentes. L'esprit emploie sur le rhythme ses procédés habituels ; à l'unité qu'il choisit selon qu'il est ému il rapporte toutes les diverses durées des sons et des silences : durée de deux, de trois, de quatre instants, ou un plus grand nombre. Si le rapport des durées avec l'unité est vague et indéterminé ; si nulle symétrie saillante ne les coordonne, ne les resserre dans un moule fixe, la mélodie ainsi rhythmée est de la prose musicale, dont les silences, irrégulièrement placés, marquent les phrases, terminent les périodes. Mais, si l'imagination, s'imposant pour moule rhythmique un instant double, ou triple, ou quadruple, ou sextuple de l'unité, combine dans ce moule d'une manière constante les diverses durées de sons et de silences, le moule rhythmique prend le nom de *mesure* ou mètre musical, caractérisé par deux, ou trois, ou quatre, ou six temps, égaux comme les oscillations du pendule, mais où se distinguent toujours le frappé et le levé, l'arcis et l'athésis; les temps forts, sur lesquels s'appuient les accents les plus saillants, les substantifs, les verbes ; les temps faibles, qui supportent les attributs et les conjonctions.

La mélodie ainsi rhythmée cesse d'être une prose cadencée : c'est une versification scandée.

Le chant grégorien, dont l'idéal est d'exprimer avant tout l'infini de nos aspirations surnaturelles, n'est qu'une prose musicale, mais une prose très-rhythmée, très-cadencée, bien phrasée, dont la coupe des neumes (petit dessin mélodique) dessine les proportions par des silences irrégulièrement ménagés ; proportions souvent symétriques dans la durée comme dans la marche mélodique des intonations, où le silence se prolonge capricieusement pendant une, ou deux, ou trois unités d'instant, mais sans rien de fixe, rien de fatal. Parfois, pour aiguillonner l'imagination, l'unité semble même disparaître, et produire des dissonances rhythmiques; mais bientôt elle reprend son empire, et la période s'achève pleine et arrondie.

On ne saurait croire combien ce vague du rhythme imprime de grandeur au plain-chant : on sent que la raison, s'abaissant devant la foi, laisse à l'âme toute sa liberté d'enthousiasme; on sent que l'ordre et la convenance des choses d'ici-bas sont des bornes trop étroites pour des accents qui cherchent Dieu.

Je ne sais par quelle folie le XVIIIe siècle s'est efforcé de tuer le plain-chant, qu'il prétendait régénérer par la monochronie assoupissante du chant battu (1). Le vandalisme janséniste dans le temple préludait au vandalisme révolutionnaire dans la rue. Le bon sens de notre époque a fait justice d'une telle

(1) Cette égalité systématique des notes du plain-chant a commencé bien des siècles avant; mais son adoption n'a jamais été unanime. Quatre causes principales l'avaient amenée : 1° la complication inextricable de la notation rhythmique; 2° l'austérité des ordres monastiques, qui, pour se traduire dans la musique, ne trouvait rien de mieux que d'en ramener les rhythmes variés à la stricte unité; 3° la manie d'improviser des contre-points en imitation sur la mélodie grégorienne, qui s'effaçait alors, et dont la lourde isochronie était absolument nécessaire pour faciliter les harmoniseurs; 4° enfin l'ignorance toujours croissante des choristes laïques, à qui le chant des offices fut confié dans la plupart des églises.

mutilation : il a cherché à restaurer dans toute leur splendeur les cantilènes inimitables des saint Grégoire, des Fortunat, des Notker, des Robert le Pieux, des Maurice de Sully, Thomas de Cellano, Jacopone de Todi, Frangipani, etc. Il est inconcevable toutefois que, en restituant à ces chefs-d'œuvre leur rhythme si flexible, si grave, et pourtant si gracieux, on s'obstine à leur contester une harmonie aussi abondante, aussi variée que leur mélodie; et cela, sous prétexte que, dans chaque mode, chaque intonation implique un repos absolu, comme tout substantif, toute interjection. Vous faites donc d'un art divin un idiome de coq-à-l'âne, un vagissement de sauvages ? A la vérité, dans un trop grand nombre d'églises, le chant n'est pas autre chose. Signalez cette profanation, indiquez les moyens d'y porter remède, mais ne laissez pas imparfaite une création qui vient de plus haut que nous; reconnaissez que le plain-chant, comme notre mélodie moderne, se compose de sons intégrants, qui engendrent leur harmonie nécessaire d'accords parfaits, de sixtes, et même de quarte-et-sixtes, et de sons artificiels, purs ornements qui ne réclament nullement d'harmonie propre. De grâce, n'alourdissez plus, n'abêtissez plus ces neumes si délicats; tirez de la tonalité grégorienne toutes les richesses d'expression qu'elle renferme, elle n'aura plus rien à envier à sa sœur. Mais, au lieu de cela, vous l'affublez de dièzes, de bémols, de notes sensibles, d'accords dissonnants qui jurent avec elle. Dans le plain-chant vous vous plaisez donc à jouer faux : vous en faites un non-sens.

Quant au ryhthme, peut-on concevoir une musique qui l'exclut? La lumière et l'ombre le donnent à l'architecture, à la sculpture, à la peinture; et le plain-chant s'en dépouillerait? La complainte du pâtre, la chanson des lavandières, le cantique du pêcheur, sont admirables d'originalité rhythmique; et le plain-chant répudierait le rhythme? Non! Je le proclamerai bien haut : le plain-chant est très-riche de rhythme et d'harmonie; seulement son rhythme a conservé des analogies frappantes avec les rhythmes si variés des lyriques grecs, continuelle mutation de mètres, enjambement sans fin d'un pied poétique sur l'autre. Souvent je trouve notre musique bien moins variée, avec ses cadences implacables, revenant à temps égaux, et sa carrure, qui pourrait lutter de rectitude avec un triangle ou un carré. Notre musique actuelle gagnerait peut-être beaucoup à emprunter au plain-chant son rhythme insaisissable, fugitif, mais toujours émouvant, voire même la variété mélodique de ses modes.

Dans les systèmes musicaux inhérents à l'idiome, le rhythme est absorbé par la prosodie du vers : ainsi, dans l'art d'Orphée, d'Homère, de Pindare et de Sophocle, où tout était chanté, ce n'était pas la musique qui soumettait le vers à son mouvement : au contraire, elle obéissait presque en esclave aux règles de la prosodie. La prosodie assignait aux syllabes de l'idiome une variété prodigieuse de durée : si la brève valait l'unité de temps, la longue valait deux fois la brève : c'était là la donnée élémentaire de la prosodie. Le mètre, ou pied du vers, se formait de longues ou de brèves, combinées ici par nombre binaire de temps ; là, par nombre ternaire. Les principaux mètres binaires étaient : le pyrrhique : deux brèves, deux temps ; le spondée : deux longues, quatre temps : le dactyle : une longue suivie de deux brèves, quatre temps : l'anapeste : deux brèves suivies d'une longue, quatre temps, etc. Les principaux mètres ternaires étaient : l'iambe : une brève suivie d'une longue, trois temps ; le trochée : une longue suivie d'une brève, trois temps ; le tribraque : trois brèves, trois temps ; le molosse : trois longues, six temps (1). En réunissant plusieurs de ces pieds, composés de syllabes égales ou inégales, on formait le vers. Autant la combinaison des pieds variait, autant d'espèces de vers. Enfin les strophes résultaient de la combinaison des vers.

L'harmonie de ce rhythme poétique était une séduction si puissante pour l'oreille des Grecs que la mélodie même s'effaçait devant elle : les flûtes dirigeaient toujours l'intonation de l'acteur qui déclamait ; mais les sandales des podopsophes, qui, marquaient le mouvement et la cadence du vers, dominaient tout. Le vers était la musique.

Le législateur, pour imprimer ses lois dans la mémoire des citoyens, les rédigeait en vers et en chant : voilà pourquoi changer une mélodie à Sparte était

(1) On comptait aussi comme mètre prosodique le *bacchien* : une brève suivie de deux longues, cinq temps ; l'*antibacchien* : deux longues suivies d'une brève, cinq temps ; enfin l'*amphimacre* : une brève entre deux longues.

Dans certains vers, les Grecs combinaient les pieds binaires et les pieds ternaires pour produire ce qu'ils appelaient le *sesquialtère* ou le *scazon*.

attenter à la sûreté de l'Etat. Les éphores coupent trois cordes à la lyre de Terpandre, et bannissent Timothée, parce que ces deux artistes voulaient innover dans l'art qu'on croyait immuable comme l'équilibre du monde ! Platon, Athénée, Plutarque, nous en rendent témoignage, la musique embrassait toutes les connaissances humaines, consacrait tous les actes des magistrats; au gymnase, à la tribune, il fallait se conformer à ses préceptes. On sait que Caius Gracchus, dans toute la fougue de l'éloquence, prêtait l'oreille à la flûte d'un esclave qui, caché derrière lui, dirigeait son débit. Qu'on ne s'étonne plus si l'antiquité tout entière attribuait à la musique seule une origine divine: tous les peuples ont été unanimes dans leur vénération pour l'art qu'ils croyaient régissant l'univers entier. De nos jours, chez les Chinois, les sentences du pieux Lao-tseu se chantent encore, de même que les préceptes des Pouranas chez les Indous.

Pour nous, forcés par le divorce de la poésie et de la musique de créer à celle-ci un élément irrésistible d'expression, une source inépuisable de variété dans l'unité, une consonne énergique qui articule la voyelle; laissant au plain-chant son rhythme indéterminé, nous avons fait entrer dans notre mélodie et dans son harmonie tous les mètres poétiques des anciens, infiniment plus multipliés, plus riches peut-être.

Les anciens mètres prosodiques sont devenus dans notre musique la mesure à deux, à trois, à quatre, à six et même à cinq temps égaux; moule rhythmique où les durées des sons et des silences s'enferment pour acquérir plus de puissance, en rendant l'unité de rhythme bien plus saillante. Les mesures combinées ont produit le vers musical, dont la mélodie a formé la rime par les cadences ou chutes régulières, souvent symétriques, des dissonnances sur les consonnances. En combinant les vers mélodiques de toute forme et de tout mètre, la strophe s'est épanouie : strophe de trois, de quatre, de six, de huit ou un plus grand nombre de vers de diverses grandeurs, croisant leur rime, s'entrelaçant à plaisir par l'enjambement, le déplacement des césures. La symétrie du vers musical s'appelle ordinairement *carrure;* la symétrie des carrures, *nombre:* la symétrie du nombre, *période.* Faisons observer ici que l'époque du moyen âge où la mesure devient une nécessité de l'art profane est précisément celle où la rime constitue notre vers. Le XIe siècle marque cette époque.

Toutes les coupes, toutes les formes, tous les caprices, toutes les hardiesses, toutes les surprises, toute la flexibilité de la versification antique et de la nôtre, la musique moderne se les est appropriés, depuis l'hexamètre, le pentamètre, le saphique, jusqu'à l'alexandrin ; depuis le bout-rimé, le rondeau, le triolet, la ballade, jusqu'à l'ode, jusqu'au dithyrambe. Notre récitatif n'a-t-il pas la cadence grave et solennelle de l'hexamètre ou de l'alexandrin? Que sont nos grands airs comme coupe, sinon des odes polychrones? La mesure est ainsi devenue un élément constitutif de notre musique, qui semble ne plus pouvoir s'en passer. Toutefois la vérité de l'expression, la chaleur de l'inspiration, contraignent parfois la mesure à s'effacer, à se dissimuler; le mouvement de la mélodie s'accélère ou se ralentit; d'autres fois, les mouvements se heurtent, et contrastent énergiquement; mais, dès que l'émotion se calme, dès que l'inspiration retombe, la mesure reprend sa baguette, que lui avaient arrachée pour quelque temps le point d'orgue, le *rallentando*, l'*agitato*.

Le domaine du rhythme est illimité dans la musique, et, malgré tout ce que Sébastien Bach, Mozart, Haydn, Beethoven. Rossini, Berlioz, ont créé, le développement futur de l'art s'accomplira surtout dans le rhythme, jusqu'à ce qu'une révolution dans la tonalité le transforme radicalement.

La mélodie est donc en possession de toutes ses ressources : l'harmonie, le rhythme, la mesure, le vers, rien ne lui manque pour réaliser le beau, le sublime. Mais quelle voix va la chanter? L'instrumentation répondra (1).

De l'Instrumentation.

Dans la mélodie et l'harmonie, la musique a développé son principe sentimental ; dans le rhythme, son principe intelligent. Pour être entièrement une âme

(1) Si les dimensions de mon cadre me l'avaient permis, j'eusse esquissé ici la rhétorique et la poétique musicales. On aurait touché du doigt que le discours par les sons comporte des figures et des tropes analogues à ceux dont l'éloquence oratoire tire ses plus grands effets : la métaphore, l'antonomase, la synecdoche, l'hyperbole, la réticence, l'antithèse, la gradation, la périphrase, se retrouvent en effet en musique, comme aussi les parties principales du discours et les qualités essentielles du style.

qui se manifeste, il faut qu'elle trouve son principe sensitif, et complète ainsi sa trinité; en un mot, il faut que le cœur et l'intelligence soient servis par des organes. Voici les voix, voici l'orchestre, agents multiples qui, au souffle de la mélodie, à l'impulsion du rhythme, vont s'animer d'une seule vie : le chœur, l'orchestre, tout un monde moral, avec ses passions, ses luttes, ses amours, ses antipathies, ses chants de joie, ses soupirs de regrets, ses rêveries, ses recueillements, ses prières, ses extases; toute une création sensible, avec ses splendeurs, ses ténèbres, ses suavités, ses parfums, ses perspectives lointaines, ses sublimités, ses grâces délicates, ses horreurs, ses beautés ravissantes, ses visions indécises!

Écoutez! j'ai fait un rêve : un artiste surhumain touche ces deux mondes : tout s'anime, et devant mon imagination haletante se déroulent le tableau et le drame le plus saisissant.

Entendez-vous ce scintillement cristallin qui ondule, s'approche, s'éloigne? Ce sont les sons harmoniques des violons, bien loin, bien loin, et sur lesquels deux flûtes, dans le medium, jettent des accords veloutés que les harpes entrecoupent d'arpéges aigus, éblouissants comme des rayons : bien sûr, voilà l'aurore, secouant d'une main la rosée de sa chevelure, tandis que de l'autre elle parsème l'horizon encore voilé de paillettes lumineuses. Soudain les altos unissent aux violons le suave accent de leurs chanterelles; le crescendo s'enfle; l'harmonie se dilate et s'élargit. La petite flûte entonne le chant de l'alouette matinale; une fraîche brise, glissant des violons aux altos, éveille les violoncelles, qui, tout frissonnants, agitent leur batterie rapide comme les feuilles des peupliers et des saules. Un splendide accord s'épanouit : c'est le soleil inondant l'espace de clarté. Puis une voix s'élève au milieu du calme : c'est la musette du berger, dont le hautbois raconte aux échos les tendres pensers d'amour, tandis que les sons bouchés des cors répondent par leurs roucoulements de colombe, et que les harpes émiettent des accords sur les tenues graves de deux flûtes unies au medium des bassons, frais murmure de la source épanchant son fugitif cristal.

Pâtre, reste muet! ramiers, faites silence! Une belle et chaste vierge appelle son fiancé : c'est le medium si caressant de la clarinette, dont le joyeux battement de cœur palpite dans les traits gracieux des violons. Le cor anglais répond : ce fiancé, fier de son bonheur, salue sa bien-aimée; mais une vague inquiétude l'agite : il chante, ou plutôt il soupire. Cependant l'orchestre se remplit : une foule s'approche; les portes du temple s'ouvrent. La clarinette basse élève sa voix de pontife; l'orgue s'éveille; le temple est inondé d'harmonies, sur lesquelles la chanterelle des violons fait planer l'hymne d'hyménée. Les compagnes de la fiancée supplient ainsi le Dieu des miséricordes de bénir son bonheur. Bientôt leurs accents ne sont plus qu'un murmure; l'alto solo, mélancolique et pénétrant, fait monter au Ciel la prière d'une mère radieuse de tendresse, et qui, enveloppant dans sa mélodie la clarinette et le cor anglais, semble presser dans ses bras deux cœurs dont l'anneau nuptial va river la chaîne fortunée. Puis des cordes onctueuses du violoncelle s'exhale l'accent pieux d'un père, auquel tous les autres violoncelles mêlent bientôt leur cantique solennel.

Tout à coup les contre-basses, s'approchant rapidement, font bondir et rebondir de sourds triolets : c'est le galop vertigineux d'une troupe de cavaliers ; ils courent, ils dévorent l'espace. Les voici ! tout fuit, tout se disperse. Le cor fait retentir un de ses sons fatals : un saisissement d'effroi glace l'orchestre ; la trompette stridente éclate ; les trombones élèvent des clameurs furieuses ; la cymbale grince : ah ! sans doute des épées se croisent, les boucliers se heurtent. Oh ! Dieu ! la petite flûte lance un sifflement bref sur un éclat de cymbale : c'est un coup de poignard !..... Qui donc est frappé ?..... Entendez-vous l'adieu déchirant du violon solo et la plainte étouffée du cor anglais ? Le fiancé est tombé ; son épouse, éperdue, disparaît au milieu des ricanements des trombones et des fanfares triomphantes. Ne reste-t-il plus une âme vivante pour témoin à cette scène d'horreur ? Si ! le cor anglais se fait encore entendre : le bien-aimé survit, mais c'est pour pleurer : sa raison s'est obscurcie avec l'étoile de son bonheur. Comme une voix consolante de mère, l'alto domine les sanglots étouffés du cor anglais : les notes graves des clarinettes pèsent sur l'harmonie, que les basses heurtent de leur *pizzicato*, semblable à l'effort suprême d'un homme qui se débat contre la fatalité, et cherche à lui demander raison.

Ici l'Océan s'étend sans bornes avec les sons soutenus des basses, des bassons et des cors. Mais n'entendez-vous pas au loin la fiancée répéter ses adieux ? Les flots qui se bercent dans les violons et les altos l'emportent : la voilà déjà bien loin! sa voix n'est plus qu'un son crépusculaire. Dans un sombre roulement de timbales surgit le premier éclat de la foudre. La tenue profonde et monotone des basses se plisse de *grupetti* d'altos; les violons précipitent les flots tumultueux de leurs *tremolo*, qui s'élèvent et retombent; les gammes chromatiques des bassons accroissent la sourde colère des vagues; le chalumeau des clarinettes et les sons graves des flûtes font pousser aux oiseaux de mer leurs cris d'épouvante; la foudre redouble ses éclats. Les lames des violoncelles et des contrebasses se brisent dans un coup d'archet sec et formidable; le vent se déchaîne dans les traits aigus des violons; la petite flûte déchire d'éclairs le *forte* de plus en plus menaçant; la tempête n'a plus de frein : avec un horrible fracas, la nature se débat convulsive. Les bonds frénétiques des contre-basses semblent s'attaquer au Ciel; tandis que le *stacatto* précipité des seconds violons, des altos et des violoncelles fait pleuvoir la grêle. Mais les trombones, au loin, poussent des appels de détresse; la grosse caisse fait gronder le canon d'alarme; puis la fiancée..... : écoutez son dernier cri sur la chanterelle du violon solo! Les flots sont désormais sa couche nuptiale.

La nature s'est apaisée maintenant; le cor anglais accentue péniblement les sons les plus voilés de son timbre : sans doute le fiancé promène sur le rivage son morne désespoir, que la voix tendre de l'alto, peut-être la mère de la fiancée, cherche à assoupir; tandis que sur le feuillage frémissant des violons la flûte découpe les fredons ineffables du rossignol :

Cependant les sons voilés du cor assombrissent le jour; les *pizzicato* des basses effeuillent leurs accords au souffle d'un âpre vent d'automne qu'exhale la quatrième corde des violons : la nuit s'épaissit. Enfin deux bassons, comme deux ombres pâles et fugitives, glissent à travers la brume de l'harmonie : c'est peut-être la mère et l'amie de la douce vierge qui viennent l'attendre une dernière fois sur le rivage. Alors deux sourdes timbales laissent tomber des accords intermittents, sur lesquels passent furtivement, comme un rayon de lune, deux flûtes dans le grave, un cor à l'aigu. Silence!..... Un dernier accord de timbales,.... puis la mort!!!..... Voilà mon rêve!

Voilà comment la baguette magique de l'artiste évoque un monde de fantômes, dont les passions vous émeuvent, dont les péripéties vous font frémir; mais, pour que ce monde ne soit pas un chaos, il faut que la loi d'unité dans la variété n'ait jamais été violée.

Le pathétique épisode qu'on vient de lire est-il à sa place dans un ouvrage qui vise à la science? Les pédagogues pourront dire que non; pour moi, je n'enseigne pas autrement : je suis convaincu que le meilleur procédé pour expliquer la peinture c'est d'exécuter une toile. J'accepterai avec humilité tout blâme si j'ai réussi à faire comprendre jusqu'à quelle grandeur de conception, quelle vérité d'expression, quelle énergie de dessin, quelle magnificence de coloris, la musique peut atteindre (1). Mais on peut

(1) Deux admirables ouvrages ne laissent plus rien à désirer pour l'enseignement de l'instrumentation : ils déve-

me dire : « Nous n'avons vu agir que l'orchestre : que serait-ce donc si la poésie ajoutait à tant de merveilles sa précision? Car, ne nous illusionnons pas, la musique peint sans doute; mais son sujet reste toujours vague, malgré le déploiement de toutes ses ressources. Vous me montrez ici l'Océan : moi, j'y vois le désert; vous déchaînez un orage : moi, je crois assister à une bataille; ce que j'entends est-ce une prière? moi, j'y découvre un chant de fête ».

Eh! qu'importe? Ce vague de la musique c'est le secret de son pouvoir. Vous prétendez qu'elle ne dit rien de précis : je vous l'accorde, parce qu'elle dit tout : elle vous émeut, elle vous transporte, elle vous force à répandre de douces larmes; vous arrachant aux misérables préoccupations de ce monde, elle vous fait parcourir l'infini; elle vous pénètre le cœur; elle s'empare de tout votre être pour vous rendre meilleur. Que demandez-vous de plus? La parole atteindrait-elle mieux ce but? Hélas! bien peu répètent les sublimes cantiques de Racine ou de Lamartine, tandis que la voix du plus infime s'évertue à entonner un pieux noël ou une romance touchante. La musique, croyez-moi, la musique, même dans nos temples, est encore la prédication la plus efficace du bien et du beau.

Depuis que la langue des mélodies s'est séparée radicalement de la langue des mots, presque toujours à son désavantage elle renoue une alliance qu'on

loppent méthodiquement et avec clarté toutes ses richesses, toute sa magnificence, et résolvent toutes les difficultés. Nommer leurs auteurs, MM. H. Berlioz et G. Kastner, c'est caractériser d'un seul mot leur mérite.

rend impossible : aussi les musiciens ne demandent-ils à leurs paroliers qu'un maigre canevas, un squelette de poésie pour servir de fil conducteur à leurs inspirations, qu'ils tiennent toutes prêtes en réserve dans leur portefeuille. C'est un malheur! c'est une faiblesse! Jusques à quand nous donnera-t-on pour chefs-d'œuvre des pots-pourris de formules à tant la page? Je vous comprends : sur des vers sublimes, sur de la poésie digne de ce nom vous ne pourriez ajuster vos pastiches. Moi, je vous donne à chanter, dans *Andromaque,* l'incomparable monologue d'Oreste : vous vous moquez de moi : votre carrure impitoyable, vos phrases toutes moulées, ne peuvent s'accoupler à tant de désordre. Pour frapper Pylade, pour faire siffler les serpents des Furies, il vous faudrait créer des formes nouvelles, trouver dans les profondeurs de l'orchestre des accents inouis : où serait alors ce qu'on appelle un *motif?* L'orgue de Barbarie ne pourrait le travestir en polka, et c'est ce qu'on demande. La prière même doit être une scotisch : il faut bien que les héros de Mabille deviennent les coryphées de votre renommée de carrefour. Ah! c'est une pitié! Pour faire de belle musique il faut de mauvais vers? Cependant Gluck n'a jamais été plus sublime que lorsqu'il a trouvé des pensées et des images à sa taille de géant; Schubert a pour le moins égalé Goëthe dans son *Roi des aulnes,* et ce *Lac,* cet *Automne* de Niedermeyer, dites-moi : qui vous fait le plus rêver du poète ou du musicien?

Sortez de votre banalité : demandez à la poésie des accents dignes de la musique : la musique ne faillira pas. De jour en jour sa puissance d'expression grandit, et le temps n'est pas loin peut-être où toute poésie se chantera, même l'épopée, si quelque audacieux génie surgit, tout à la fois grand poète et grand musicien.

Nous avons analysé par quel procédé l'esprit humain a lentement élaboré tous les éléments de l'art peut-être le plus complexe. L'esprit humain n'a pas été moins ingénieux dans l'invention des signes graphiques au moyen desquels la pensée de l'artiste reste impérissable. La notation dont nous nous servons aujourd'hui ne laisse rien à désirer : une échelle de cinq lignes porte le diagramme, dont sept clefs déterminent à volonté le son générateur; sept signes de durée, sept signes de silence, se placent sur cette portée pour représenter à la fois les intonations et les rhythmes; le dièze et le bémol expriment la double tendance des cordes mobiles; les accents, les nuances, ont aussi leurs signes au-dessus, au-dessous des notes; enfin les chœurs et l'orchestre, toutes les voix, tous les timbres, peuvent être lus d'un seul coup-d'œil sur la partition. Mettons donc l'artiste en présence de cette partition, et tâchons d'analyser ce qui se passe en lui (1). Cette étude psychologique n'a peut-être jamais été tentée, et cependant elle est palpitante d'intérêt.

(1) Il m'en coûte beaucoup de borner cet Aperçu philosophique. Une étude approfondie des diverses notations achèverait de mettre en lumière les vérités que je veux établir. Je devrais aussi consacrer un chapitre spécial aux moyens d'expression dont la musique dispose. Si jamais une nouvelle occasion se présente pour moi de donner à mes idées tout le développement qu'elles comportent, je m'efforcerai de ne rien omettre, et cet opuscule deviendra un ouvrage digne de son objet.

Le compositeur en face de sa partition. — Différents genres de musique ; différentes écoles.

Le maître est assis devant son pupitre ; un vague et dernier accord s'exhale de son piano, que ses doigts viennent d'effleurer au hasard pour échauffer son imagination ; son papier de musique, encore immaculé, étale sous ses yeux vingt portées vides encore. L'artiste incline son front ; il est déjà loin de cette terre, et le monde idéal s'est emparé de lui. Comme autant de prismes magiques, les portées fascinent son regard : par moment il croit y lire des notes confuses. Tout à coup une symphonie prélude au dedans de lui : il entend distinctement dans son front des voix et des instruments qui s'appellent et se répondent ; sa propre voix se surprend à en essayer les échos ; les lignes de la portée lui semblent un clavier dont chaque touche frémit : sa plume s'y précipite, et, juste à la portée où doit s'écrire l'instrument dont le murmure l'obsède, il trace des signes : c'est ce qu'il entend chanter en lui.

Son âme vient donc de parler : voilà sur ce papier sa pensée et son verbe qui flamboient. Saisi d'un irrésistible amour pour cet autre lui-même qu'il vient d'engendrer, son imagination le couve, son cœur l'étreint et l'échauffe, sa raison le scrute avec son flambeau. Si nul germe de vie ne palpite en ce verbe, son créateur le rejette, et s'éloigne découragé. Mais, si, dans cette émanation, la plus pure de son être, l'artiste sent fermenter des éléments féconds, il y insuffle toute son âme comme une étincelle, et le verbe grandit, se développe; l'écrivain le façonne; il s'y contemple lui-même comme dans un miroir : « Oui, cette mélodie c'est moi! ce rhythme c'est moi! » A cet objet de toutes ses complaisances il dresse un magnifique trône d'harmonie; il tisse un royal vêtement de broderies et de timbres; puis il semble lui dire : « Va! répands-toi; opère des miracles : je sais tout ce qui sortira de toi! »

Sous la plume qui se hâte, le verbe, ou plutôt le thème, s'élance, s'assimile tout ce qu'il rencontre, s'étend, se fractionne; ici prend la voix d'un violon; là, d'un cor; il court à travers l'orchestre, se jouant de toutes les sonorités, lutinant même parfois le silence. Mais de son sein fécond déjà de nouveaux thèmes s'échappent : c'est lui qui les a créés; ils sont faits à son image; il les emporte avec lui à travers mille dédales de modulations, de rhythmes, de mesures; à chaque élan du thème inépuisable jaillissent des traits surprenants, des cadences imprévues, dont il enlace, comme d'un réseau, les thèmes qu'il a produits, et sur lesquels il répand à pleines mains le coloris de la nuance. Souvent il dialogue avec eux, ou, pour les laisser briller, s'oublie lui-même; mais bientôt il reparaît plus radieux. Cependant la plume du maître dévore les portées : par les plus étonnantes combinaisons, il veut encore multiplier cette pensée unique, l'enrichir d'ornements plus brillants, et susciter de nouveaux échos qui la répètent. Mais elle est épuisée : par un dernier souffle de toute son âme, l'artiste concentre tous les rayons de sa création, et la voilà debout tout entière, imposante d'unité et de perfection. C'est ainsi qu'écrivaient Haëndel, Bach, Haydn, Mozart, Beethoven, Mendelssohn.

Suprême puissance de conception, flamme dévorante d'inspiration, fécondité inépuisable dans l'exécution : de ces trois sceaux divins sont marqués les chefs-d'œuvre. Cependant grand nombre de productions musicales sont réellement belles sans présenter le développement exclusif d'une pensée unique : certaines ne s'adressent qu'à l'intelligence; d'autres n'expriment que le sentiment; celles-ci sont le chant de l'âme en présence des beautés de la nature; celles-là sont l'éloquence des passions. Pour toutes, originalité de conception, invention dans la mélodie, abondance et nouveauté dans l'harmonie, richesse de rhythme, vérité d'accent, unité de plan, clarté dans les développements, justesse d'expression, ordre et convenance partout : voilà les conditions du beau.

Entrons dans quelques détails sur les principaux genres :

L'organiste vient de quitter son clavier : la prière fervente est encore sur ses lèvres; il respire encore l'encens de l'autel. Son regard plonge dans la profondeur des trois nefs, ou s'égare à travers les mille arceaux des ogives, où le soleil couchant, perçant les vitraux, fait miroiter les figures extatiques des prophètes et des martyrs. L'artiste chrétien est saisi d'une vision : tous ces héros de l'ancienne et de la nouvelle loi se mettent à chanter en lui le cantique de foi, l'hymne d'espérance : le souffle de l'infini traverse son âme : il croit tomber à genoux dans une adoration contemplative; l'Église du Christ est là debout devant lui, édifiée sur sa pierre indestructible; les cierges de l'autel, les piliers de la nef, la mosaïque du pavé, tout prend une voix, tout se met à chanter en lui. L'artiste se sent investi du sacerdoce : il faut qu'il peuple d'adorateurs la basilique immense; il faut que tous les fronts se courbent, et que l'harmonie de la charité remplisse le monde. Sainte Cécile commande : la voix des enfants, vêtus de robes candides comme leur âme, entonne le cantique; d'autres voix les imitent; de proche en proche la mélodie se propage; les parties vocales s'entrelacent; la symphonie chorale, se balançant comme l'encensoir, s'élève au ciel, redescend sur la terre. Sans repos, dès qu'une voix va finir, l'autre se lève pour recommencer : c'est l'éternel hosanna que se renvoient tous les échos de la céleste Jérusalem; c'est Palestrina dirigeant sa *Messe du pape Marcel :* c'est Orlande de Lassus multipliant ses mâles chefs-d'œuvre; c'est Allegri, ce sont les Gabrieli, qui font surgir un chœur dans chaque chapelle de l'église, et qui les harmonisent tous dans un concert tellement sublime, tellement surnaturel qu'il frappe de stupeur l'imagination. Oh! quelle unité que la foi pour produire ces fugues infinies, ces concerts incommensurables! Mais ici l'artiste verse des larmes aux pieds du Sauveur; comme Véronique il étanche le sang de ses plaies adorables : dévoré de l'amour divin, il se sent le cœur transpercé de sept glaives comme Marie : alors il entonne le *Stabat mater* avec Pergolèse, il murmure *Ave verum* comme Mozart.

Hélas! trop souvent, quand je ne frémis pas d'indignation en entendant les textes divins profanés par des airs de guinguettes ou par des fredons obscènes, je m'endors à deviner des énigmes stériles d'imitations de canons, inextricables dédales de combinaisons purement mathématiques. Très-certainement, par un côté, les jouissances de l'art peuvent être intellectuelles; mais, si le cœur, si l'imagination n'y disent pas leur mot, cette musique n'est qu'une partie d'échecs. Quand j'entre à l'église, c'est pour prier : je crains comme la peste ces organistes qui jonglent avec leurs quatre claviers, ou qui me roucoulent à l'élévation la romance mignarde dictée la veille. Artiste de l'Église, la mission que tu remplis te consacre prêtre : ne souille pas ton saint ministère; sois austère, sois chaste quand tu prêches la musique divine! Dieu a renfermé dans ton âme la manne nourrissante pour que tu la répandes dans les âmes : prends garde de les infecter de poison.

L'artiste, chez qui la vie n'est qu'une succession continuelle d'émotions, ne peut prêter l'oreille à ce qui chante en lui sans qu'aussitôt sa plume ne fasse aussi chanter les lignes de la portée; car cette voix, cet instrument, qui vibrent dans son âme, ils se plaignent comme il voudrait se plaindre; ils s'écrient : « J'aime » comme il voudrait le crier; ils maudissent comme il maudirait; ils frissonnent d'épouvante comme tous ses nerfs, ou comme ses yeux et sa bouche se dilatent de bonheur. Lisez maintenant sur le papier : voilà toute fraîche éclose la délicieuse rêverie, la naïve villanelle, la *jota* sémillante, la ballade fantastique. Ne croyez pas que la fantaisie ait suivi en aveugle tous ses caprices : aucune des lois de la pensée ni du sentiment n'a été violée, et, malgré son désordre apparent, l'unité de l'ensemble couronne le fini des détails; et l'artiste ne s'est arrêté que lorsque son cœur, débordant d'émotion, s'est complètement épanché. O Schubert, ô Chopin, ô Stephen Heller, Hernst, et vous tous cygnes mélodieux!

Voici venir le grand peintre! le nuage qu'il voit glisser sur l'aile du vent, en prenant mille formes, le plonge dans le recueillement; le lac qui réfléchit une belle aurore, le papillon lutinant la fleur qui s'entr'ouvre, lui causent un soudain ravissement; les danses champêtres du hameau, les jeux folâtres des brunes faneuses, le transportent de joie; son oreille s'enivre des bruits lointains du soir aux rumeurs profondes des forêts; et, comme tout chante autour de lui, il faut que sa voix se fasse entendre. Alors les mélodies qu'il écrit, les rhythmes qu'il enchevêtre, sont des coups de pinceau; mais, dans le tableau qu'il esquisse, c'est toujours son âme qui occupe le premier plan. Si l'on voit toute la nature s'agiter autour d'elle, on entend par-dessus tout cette âme exprimer ce qu'elle éprouve. Nul art n'égale la musique en ceci : Beethoven, à l'ombre des saules, écoute murmurer un ruisseau, tandis que son regard parcourt le plus frais paysage : tout aussitôt l'*andante* de la *Pastorale* s'exhale de son cœur.

Enfin certaines imaginations ne s'éprennent des beautés de la nature qu'en les choisissant pour cadre au drame des passions internes. Alors, comme je l'ai montré, les instruments de l'orchestre leur fournissent autant d'acteurs, et H. Berlioz nous fait entendre sa *Symphonie fantastique* et tant d'autres grandes belles œuvres: Weber enfante ses ouvertures d'*Oberon*, d'*Euryante* et de *Freyschutz*, et Beethoven nous lègue sa symphonie en *ut mineur*, sa *Sonate pathétique*, celle en *ut dièze mineur!* Et Mozart! je ne puis écouter sans verser des larmes, sans prier, sans frémir, son immortelle symphonie en *sol mineur* et tant d'autres prodiges.

On peut me faire cette objection : « Quoi donc! quand un grand maître saisit la plume, quitte-t-il toujours l'église? Se promène-t-il rêveur par monts et par vaux? » — Oui, je vous le certifie : tout cela s'accomplit dans sa mémoire, où le monde entier s'agite vivant par cela seul que cet homme est artiste.

Je n'ai rien à dire ici de ces fabricants de vacarme qui, dénués d'intelligence, vides de sentiment, jettent sur le papier des notes galvaniques pour agacer les nerfs des auditeurs, et les rendre ivres de bruit : leurs ponts-neufs sortis de l'orgie, leurs rhythmes brutaux, n'ont d'autre idéal que de caresser en nous l'instinct animal. Si j'étais Platon, je bannirais ces hommes de ma république, non couronnés de roses, mais chargés d'opprobres : car chacune de leurs œuvres n'est qu'un attentat à la vie des âmes, un trafic d'abrutissement public.

Pour détourner ma pensée de cette fange, je voudrais maintenant écrire tout un livre sur le drame lyrique; je voudrais vous faire sentir combien Gluck et Meyerbeer sont sublimes; Rossini, Boïeldieu, Auber, émouvants et féconds; Méhul, Weber, Hérold, Halévy, pathétiques et grands coloristes; Cimarosa, étourdissant de verve; Grétry, incomparable pour l'entente de la scène et la déclamation vraie ; je voudrais que vous touchassiez de l'oreille par quel cachet original l'école italienne se distingue de l'école allemande, et comment l'école française, avec cet éclectisme de goût et de bon sens qui nous caractérise en tout, emprunte à ses deux émules leurs beautés de premier ordre pour les combiner, y ajoutant tout ce que peut inspirer le tact du sentiment le plus exquis : car nous dérobons à l'Italie ses mélodies luxuriantes, expansions bruyantes de la vie qu'excite un chaud soleil, au souffle des brises tièdes, pour les fondre avec les profondes et mélancoliques pensées des rêveurs d'outre-Rhin. La musique italienne, avec son luxe de vocalises, émane avant tout du principe sensitif ; l'art allemand, du principe intelligent ; l'art français, de la trinité complète agissant pour le sentiment dramatique.

J'en ai dit assez. Rappelons-nous seulement que la musique a ses épopées, ses odes, ses élégies, ses églogues, même des satires et des parodies ; que le drame lyrique réunit tous ces genres, et que la France en porte le sceptre.

Cependant, en fait de conception purement musicale, la symphonie me semble l'emporter sur toutes. Une symphonie est une épopée : pour l'enfanter, le génie, tirant tout de soi, s'y manifeste dans toute sa force et sa liberté, tandis que le compositeur d'opéras, quelque grand qu'il soit, est esclave du plan qu'il développe : s'il se laisse fortement émouvoir par les situations que le poète lui prépare, il nous fait respirer l'odeur du sang dans la *Bénédiction des poignards*, le fanatisme de l'amour et de la religion dans le duo au cinquième acte des *Huguenots* ou dans la pâque de *la Juive;* une douleur poignante nous saisit quand Desdemona chante la romance du *Saule;* nous pleurons avec Arthur sur le tombeau de sa Lucie; comme l'Arnold de Rossini, nous supplions un père victime d'un tyran de ne pas nous maudire, et, pour le venger, nous courrions volontiers aux armes avec Walter Furst et Guillaume Tell. Cependant, tout bien examiné, Mozart reste pour nous le génie le plus universel que la musique ait inspiré : dans tous les genres il est créateur de premier ordre, et peut-être les fastes des autres arts ne présentent aucun génie phénoménal qu'on puisse lui comparer.

Le charme de la musique est si puissant, l'attraction qu'elle exerce sur les âmes est tellement universelle, que tout cœur ému se croit prêt à exhaler une mélodie. Il semble qu'écrire une inspiration ne soit qu'un jeu : rien, au contraire, n'exige plus de science laborieusement acquise, plus de connaissances étendues, plus de talent complexe. Étudier la théorie de l'art c'est immense; en acquérir la pratique exige une gymnastique de chaque instant : on en a pu juger par le développement de ce travail. Quand la persévérance de l'artiste a surmonté toutes les difficultés, quand son génie a produit un chef-d'œuvre, il lui faut des organes; il faut que sa création passe par l'intermédiaire des exécutants, sans quoi elle n'existe pas. Puisse la culture de la vraie musique se répandre assez pour que toute belle œuvre trouve des interprètes, et des auditeurs capables de proclamer avec nous que la musique est l'art le plus transcendantal!

Influence de la musique. — Rapport de la musique avec les autres arts. — Sainte Cécile.

Oui, la musique est l'art le plus transcendantal, parce qu'elle est au plus haut degré la manifestation purement métaphysique de l'homme interne. La vie du cœur des sociétés n'a pas d'expression plus complète : quand sa voix toute-puissante retentit, ce n'est pas seulement, comme dans les autres arts, une pléiade d'intelligences supérieures qui crée les types du sublime et du beau pour en faire savourer les charmes à des intelligences d'élite : non, la musique n'a jamais dit : « *Odi profanum vulgus* ». Elle sait trop que ce qu'elle doit traduire c'est l'émotion de tous, du plus humble comme du plus grand. Langue universelle, elle n'a pas à rendre compte des idées, des opinions, des préjugés qui se discutent de savant à savant, de peuple à peuple, de siècle à siècle; mais sa mission est d'exalter les sentiments les plus nobles, les élans les plus généreux, dont le foyer brûle dans tout cœur d'homme, et qui, sur la surface de la terre entière, n'ont jamais été discutés. Religion, patrie, joie ou douleur de la famille, voilà les sentiments que la musique chante de manière à ce que tous comprennent et soient émus. Et pour chacun de nous n'est-elle pas la compagne, la confidente intime qui traverse avec nous la vie depuis le berceau jusqu'à la tombe?

« L'homme est un dieu déchu qui se souvient des cieux! »

Eh bien! le souvenir de cette patrie perdue c'est la

musique : pour le paysan, l'ouvrier, le petit enfant, il n'existe pas d'autre art ; l'homme mûr y puise son courage pour le labeur ; dès que le vieillard chante, il retourne à son printemps, et ne se souvient plus que sur sa tête les années s'amoncèlent en flocons de neige. Exposez sur la place publique les plus magnifiques chefs-d'œuvre des arts plastiques en spectacle à cent mille hommes ; appelez à la tribune le plus grand orateur pour électriser cette foule : elle sera curieuse, attentive, sans être émue ; mais, comme aux batailles de l'Oronte et d'Arsur, faites entonner le *Veni, Creator,* faites gronder la *Marseillaise*, une commotion électrique saisit ce peuple ; l'enthousiasme ne connaît plus d'obstacles, et les prodiges de l'histoire sont accomplis : car la musique chez tout homme est une faculté innée : la passion chante avec tout autant d'éloquence dans la bouche d'une mendiante que dans celle d'une reine ; toute âme qui s'abstrait de la terre dans une vague rêverie murmure une mélodie ; tous nos mouvements obéissent aux lois du rhythme ; ce que nous pensons, ce que nous sentons, s'exprime par la voix : j'ai donc raison de dire que notre existence entière est musique.

La musique est l'art social par excellence, l'art de l'ordre, de l'harmonie enfin. Pour en jouir avec plénitude, les hommes sont forcés de se réunir, de se plier avec abnégation aux lois qu'il impose : l'égoïsme devient impossible pour faire de bonne musique. Quel autre art jouit d'un tel ascendant ? La musique est la fille la plus pure du Ciel : dans tout ce qu'elle dit, jamais rien de souillé : la souillure est dans le cœur, qu'elle inonde d'idéal, et qui trop souvent la profane, parce qu'il est pervers. L'humanité n'a rien produit de grand sans la musique : Homère, Virgile, disaient : « Je chante! » les muses même lui empruntaient leur nom.

Grand nombre d'esprits sérieux ne veulent cependant accorder aux productions musicales qu'une beauté de convention et de mode : « C'est pourquoi, disent-ils, la musique n'est qu'un art d'agrément ; son principe esthétique n'a rien de permanent, et les émotions qu'elle procure sont fugitives comme les saisons. Les chefs-d'œuvre poétiques de l'antiquité font encore notre admiration; et de la musique grecque que nous reste-t-il? Malheureusement rien que des fragments tellement insignifiants que, pour les érudits mêmes, les prodiges opérés par Orphée et Linus restent des problèmes. » Eh! oui, sans doute, une religion d'intelligence, de liberté et d'amour, en transformant le monde, a régénéré tout en nous, jusqu'à la dernière fibre du cœur : par ce fait seul, la musique grecque n'a plus rien exprimé pour les chrétiens; et, si, perpétuant le dépôt des connaissances humaines, ils ont continué sans interruption la culture des langues classiques, ils en ont voué la musique à l'oubli, parce qu'elle n'était qu'un encens souillé offert aux idoles. Je ne partage nullement l'opinion commune qui fait découler le chant ecclésiastique des anciens nomes sacrés de la Grèce païenne; dans un prochain écrit j'espère démontrer victorieusement que l'Église des catacombes a créé sa tonalité, son rhythme et ses accents.

Je reviens au principe esthétique de la musique. Je soutiens qu'il a toujours pour base le sentiment collectif des sociétés, et que, à toute époque où l'équilibre de la trinité humaine s'est manifesté par de grandes œuvres architecturales ou de grands poèmes, le même caractère de grandeur et de beauté se retrouve dans la musique. Appuyons cette thèse de quelques exemples.

Quand Périclès érigeait le Parthénon, quand Phidias sculptait Jupiter Olympien et sa Minerve, quand Sophocle et Euripide faisaient pleurer Athènes, la beauté de l'art grec consistait dans la perfection des formes résultant de la juste proportion et de la symétrie parfaite des lignes, des contours, même des pensées et des images. Le dogme antique de la fatalité dominait l'artiste, à moins qu'il n'exprimât dans toute leur grandeur les sentiments primitifs de l'humanité; arche inviolable que nul dogme, nulle fausse religion ne viole dans le fort de la conscience. Son horizon idéal, ne dépassant guère l'Olympe, s'enfermait dans la rectitude géométrique, comme la responsabilité de la vie dans les arrêts immuables du destin. L'homme semblait abdiquer son libre arbitre dans tous ses actes, et le rhythme du vers, qui constituait surtout la musique, s'appuyait sur cette notion du beau qu'Acrousias définissait : « L'ordre est le rapport des parties constituant l'unité ». Suivant Platon, les règles, les convenances, les harmonies, produisent le beau; Aristote pensait qu'il réside dans les idées d'ordre et de grandeur, et qu'un objet est beau quand l'ordre qui règne dans sa composition et son étendue nous en fait sentir les parties, et bien embrasser l'ensemble. Saint Augustin, comme les néoplatoniciens, déclarait qu'un objet ne mérite le nom de beau qu'autant que la simultanéité, l'égalité et la convenance des parties produisent l'unité, qui satisfait la raison.

Par le christianisme, la notion du beau s'éleva à la hauteur du dogme : Dieu, avec ses attributs, en devint l'archétype ; les actes et la doctrine de son Verbe fait homme devaient revivre désormais dans l'œuvre de l'artiste, sous peine pour elle d'être marquée du sceau qu'avait imprimé sur le front d'Adam la chute originelle. Aussi l'art chrétien secoue-t-il le joug de la géométrie et de l'anatomie : il s'applique à faire descendre le ciel sur la terre, tandis qu'il élance les âmes vers le ciel. Pendant que la coupole byzantine inonde de lumière la basilique, et proclame que le soleil de vérité s'est levé sur le monde : « Quiconque a des yeux voie », la magnificence des mélodies grégoriennes remplit l'univers chrétien d'un chant incommensurable comme l'infini : « Quiconque a des oreilles entende! » Et remarquez que, au siècle de saint Grégoire, la poésie est muette; la poésie n'est pas assez puissante pour plier les barbares au joug de la foi et de la charité : ils ne la comprendraient point : c'est la musique chrétienne qui remplit ce rôle, et, comme le dit Paul Diacre, « le gosier farouche du Germain, qui ne peut s'assouplir aux inflexions de la langue latine, sait du moins vociférer : « *Kyrie, Kyrie, Kyrie, eleison !* »

Quand le plein-cintre de la voûte romane annonce que toutes les nations s'abritent sous l'unité de la foi, la cantilène sacrée, moins luxueuse d'ornements, a plus d'onction, plus de gravité, et trouve une expression plus énergique en se concentrant dans un seul mode et dans une seule coupe rhythmique. Un nouvel élément éclôt dans la musique, inconnu à l'antiquité, incompatible avec son esthétique : c'est l'harmonie, dont la diaphonie balbutie les premiers rudiments. Enfin la longue tirade monorime que Théroulde crée dans son admirable épopée de *Roncevaux* annonce le réveil de la poésie, et démontre aussi que l'unité de foi est le principe vital de l'Europe au XIe siècle.

Du XIIe au XIIIe siècle, la société du moyen âge, sous l'aile de l'Église, atteint dans l'art cet apogée de puissance qui caractérise le parfait équilibre des facultés humaines; et, tandis que la cathédrale gothique élance ses sveltes colonnes, qui semblent quitter la terre pour chercher le ciel, multiplie ses ogives, découpe comme des dentelles ses clochetons et ses arcades, la musique, par les combinaisons du contrepoint et de la mesure, se crée tout un monde de formes nouvelles et de perspectives sonores. Du chaos de l'harmonie sortent des accords et des accents infiniment multiples; car le souffle poétique venu de la Cambrie a fait de l'amour idéal un dogme social, et semé dans le monde une notion toute nouvelle de la vie. Il faut bien que la musique traduise les émotions nouvelles qu'il fait naître. Dès lors les trois phases de l'architecture se retrouvent dans la poésie et la musique : au gothique fleuri correspondent le *Dies iræ*, les répons du Saint-Sacrement, comme les poèmes de saint Bonaventure et tous ceux de la *Table ronde;* au gothique rayonnant on peut rapporter les imitations, les canons de Guillaume du Fay et la *Divine Comédie* du Dante; au gothique flamboyant, les fugues d'Ockegem et de Josquin des Prez, et tout ce qu'a inspiré la théologie scolastique. Pendant ce temps, le caprice et la fantaisie, qui dirigent les artistes pour construire et décorer les monuments civils, se retrouvent dans les poésies et la musique des troubadours et des trouvères.

Cependant l'Italie, bien moins absorbée que la France par la philosophie spéculative, reçoit de son soleil des inspirations d'un tout autre caractère : le dogme de l'amour, que les bardes bretons avaient fait accepter, et que l'ordre des Franciscains avait surnaturalisé en s'appuyant sur Dieu et sur une charité enthousiaste pour les hommes, le dogme de l'amour dicte à ces poètes mystiques des vers et des chants sans rivaux pour la suavité et la tendresse; Giotto et Pérugin laissent tomber de leurs pinceaux ces types inimitables où l'extase de l'amour divin rend ineffable l'austérité de la foi; et des populations entières, agenouillées devant les madones que la piété érigeait à l'angle de chaque rue, répétaient ces *lodi spirituali* où la douceur des mélodies s'unissait à l'onction d'une harmonie tout à la fois riche et naïve.

Constantinople succombe alors sous les coups des Turcs : le vide immense que laisse ce dernier débris du monde romain réveille tous les esprits en Europe. Au retentissement de cette catastrophe, tout change de face : une question de vie ou de mort se dresse devant la civilisation, et, par une impulsion intellectuelle sans analogue dans l'histoire, la renaissance fait son avènement. Faut-il le dire? l'héroïsme religieux des croisades n'avait pu sauver la chrétienté d'Orient, et l'Occident, sentant planer sur sa tête le cimeterre de Mahomet II, et doutant de l'unité de la foi, qui rendait l'Europe invulnérable, chercha son salut dans une doctrine qui proclamait comme principe de force le droit individuel.

Alors le soleil romain subit une éclipse en Allemagne, et Luther jeta le défi à la tradition de quinze siècles; mais, avant que le rationalisme l'eût glacé de sa main de cadavre, l'art chrétien devait se surpasser : Michel-Ange, d'un bras surhumain, soulève le Panthéon de Rome, et le superpose sur le Parthénon d'Athènes : la basilique de Saint-Pierre est debout, et les scènes de l'Apocalypse flamboient sur les murs de la chapelle Sixtine. Le Tasse dicte sa *Jérusalem*, où la perfection de la forme antique dresse un piédestal au dogme de l'amour idéal étreint par le spiritualisme chrétien. A ces monuments impérissables la musique égale ses chefs-d'œuvre : Palestrina élève la voix; Orlande de Lassus lui répond. Aux plus riches combinaisons d'harmonie la mélodie prête désormais des accents émus; elle commence à dominer l'art, comme la passion de la lutte domine la société. Mais les chants de ces deux génies chrétiens sont d'une sublimité telle que l'art grégorien, pour les inspirer, semble avoir épuisé ses forces.

D'ailleurs l'Europe est en feu : les fureurs du fanatisme religieux ébranlent jusque dans ses fondements l'édifice de civilisation élevé par l'Église du Christ. Dans la musique, comme dans la politique, les lois, les mœurs, une révolution radicale s'opère, et le drame lyrique, musique des passions, surgit pour enivrer le monde. La lutte de la foi, du rationalisme et de la philosophie sceptique occupe les deux siècles suivants. Dès lors, chaque fois qu'un grand poète apparaît pour raconter le drame de l'humanité, un grand musicien lui fait écho avec une inspiration non moins haute : c'est ainsi qu'à côté de Milton marche Haendel; Sébastien Bach, à côté de Klopstock et de Leibnitz. Mesurez la taille de ces géants : ils peuvent se toucher du front. Quand Goëthe éblouit l'Allemagne de ses créations, Beethoven chante; Schiller et Weber semblent brûler d'une même flamme; écoutez Rossini : vous entendez un écho de Byron; et Mozart! je l'ai dit : son génie fait douter qu'il soit né sur la terre.

Et l'art qui a joué ce rôle dans le monde, vous voulez qu'il ne soit qu'un caprice de la mode, un frivole plaisir? Ah! si vous le connaissiez mieux, si vous le cultiviez avec un religieux respect, vous sauriez qu'il a répondu à tous les élans de l'esprit humain, et qu'il a peut-être plus fait pour le bonheur des peuples que les héros et les législateurs. Trouvez des interprètes capables de vous en faire sentir les beautés à chaque époque, et vous vous écrierez : « Oui! dans ce que j'entends je sens battre le cœur de l'humanité! »

Je me suis fait un devoir de ne rien ménager : je dis la vérité quoi qu'il m'en coûte : si l'on trouve la musique futile aujourd'hui, c'est qu'on la rend l'expression de nos caprices égoïstes et de nos passions sensuelles. L'enseignement de l'art, je le répète, n'est alors qu'un trafic de poison, dont s'infectent les familles sous toutes les formes, et dont la corruption occulte gangrène les classes moyennes tout autant que les mauvais romans. Et l'on ne s'en défie pas : la langue de cette musique abjecte ne fait entendre à l'esprit aucun mot qui le dégrade; mais elle infiltre au cœur la satiété de tout ce qui n'est pas le plaisir. Quand les artistes étaient à la hauteur de leur mission, ils personnifiaient leur art dans une des fleurs virginales du ciel : la musique c'était sainte Cécile, et jamais symbole ne fut mieux inspiré.

Vraiment le moyen âge, dans son mysticisme naïf, trouvait des conceptions esthétiques dont notre époque a perdu le secret : tous les actes de la vie, toutes les pensées, tous les sentiments se proposaient, comme loi de sanctification, l'imitation d'un patron céleste à son choix. Le sage, l'ignorant, les hauts barons, les serfs, le troupeau du Christ tout entier s'efforçait de multiplier les liens attractifs qui pouvaient aider l'homme à remonter au ciel. La plus vulgaire profession par le nom d'un saint produisait ses lettres de noblesse; la plus abjecte misère pouvait dire en montrant son fumier : « Sur cette couche infecte plus d'un roi de l'éternelle Jérusalem a répandu ses larmes, semences de sa gloire! » et, chaque corporation, au souffle de la charité, déployait sa bannière pacifique. La bannière des métiers parmi nous quelle est-elle? Nous rougirions peut-être de la lever, car sa véritable devise serait : « Chacun pour soi, chacun chez soi ».

Servants de sainte Cécile, artistes qui vivez d'amour et de concerts, dites-nous donc pourquoi l'encens de vos plus harmonieux soupirs s'est adressé de préférence à cette muse et si chaste et si grave? Quel type d'incomparable beauté trouvez-vous en elle? Comment, au contact de ce cœur sans tache, s'allume l'enthousiasme qui vous transporte? *Cantantibus organis, Cecilia Domino decantabat, dicens : « Fiat cor meum immaculatum, ut non confundar! »* Oui, prophètes inspirés, voilà toute la puissance de votre patronne. Pour incarner Dieu en soi, pour sanctifier ses délires mêmes, votre art veut se conserver immaculé, et n'être jamais confondu. D'ailleurs, chaque fois que l'holocauste rédempteur va s'offrir sur l'autel, Cécile n'est-elle pas l'un des noms tout-puissants que le prêtre invoque pour transsubstantier la victime en pain d'amour. Laissons les païens couronner de myrte et de laurier leurs douze muses dansant en chœur sur l'Hélicon : le christianisme dresse à la sienne un trône d'harmonies ineffables flottant dans l'éther du ciel.

C'est ainsi que sainte Cécile se révèle à Raphaël pour revivre dans la cathédrale de Bologne. Contemplez-la : ce n'est plus seulement une candide élue : c'est la musique infinie elle-même, et digne du Dieu qui l'écoute. Sur les marches de son trône rayonnant, sa robe d'or se déploie à longs plis comme pour tout embrasser. Derrière elle, et à sa gauche, saint Paul semble lui révéler toute la profondeur des dogmes qu'il a prêchés, et les confier à ses chants pour qu'ils subjuguent toute intelligence. A droite, saint Jean semble répéter à la vierge inspirée : « Aimez-vous les uns les autres », ou, pour qu'elle prophétise les menaces de l'avenir, il lui dévoile l'Apocalypse, et les doigts de Cécile pressent ardemment le clavier de son orgue; un chœur d'anges chante au-dessus de sa tête, tandis qu'elle foule aux pieds, comme autant de voix impures, mille instruments profanes. Voilà donc, sublime Raphaël, comment sainte Cécile t'apparut dans le ciel : rappelons-nous ce qu'elle était sur la terre.

Cécile fut dans toute sa splendeur la patricienne romaine qui portait sur son front la gloire et la dignité de trente générations de héros : la musique, depuis le commencement des siècles, n'est elle pas la fille des dieux dont tous les autres arts forment le diadème? Son cortége triomphal se grossit à chaque pas des bienfaits qu'elle ne cesse de prodiguer aux hommes. Cécile, l'ardente catéchumène, exhale en prières tous les soupirs de son cœur, consacre au soulagement des pauvres chaque heure de sa jeunesse, chaque sourire de sa beauté et tous les trésors de son opulence : qui sait mieux que la musique parler à Dieu de nous sans cesse? qui pourrait l'égaler à nous faire trouver douces même les larmes? Sainte Cécile, la vierge chrétienne, refuse les embrassements d'un époux pour se consacrer épouse de Jésus-Christ : la vraie musique repousse toute union avec les passions sensuelles, et se consacre sans réserve chaste prêtresse de l'idéal. Sainte Cécile conquiert au royaume du Christ l'homme qui croyait l'avoir conquise pour son bonheur d'ici-bas : la musique chrétienne révèle aux barbares que l'homme ne vit pas seulement de pain, mais que les âmes se nourrissent de Dieu. Au tribunal d'Almachus, la vierge romaine confesse énergiquement sa foi : devant l'égoïsme et l'impiété, la musique proclame toujours l'union des hommes par l'harmonie des cœurs en Dieu. Vainement les bourreaux veulent étouffer la sublime martyre : on n'étouffera pas plus la voix surnaturelle de la musique. Enfin, pour que sainte Cécile porte sa double palme aux pieds de son céleste époux, le bourreau lui tranche la tête : si le sensualisme et l'impiété frappent la musique au cœur, elle revivra plus incomparable dans la patrie où les passions dégradantes n'élèvent plus leurs clameurs.

Art divin ! poursuis donc ta marche conquérante : ne t'inquiète pas si tes fils dénaturés traînent dans la boue ta robe virginale : tant qu'il restera des cœurs purs que l'amour du beau et du bien fait battre, tu seras leurs délices aux jours de joie, et leur consolation aux jours de défaillance et d'angoisse!

www.ingramcontent.com/pod-product-compliance
Ingram Content Group UK Ltd.
Pitfield, Milton Keynes, MK11 3LW, UK
UKHW021310190726
13839UKWH00007B/575